CONTEÚDO DIGITAL PARA ALUNOS

Cadastre-se e transforme seus estudos em uma experiência única de aprendizado:

1 Entre na página de cadastro:

www.editoradobrasil.com.br/sistemas/cadastro

2 Além dos seus dados pessoais e dos dados de sua escola, adicione ao cadastro o código do aluno, que garantirá a exclusividade do seu ingresso à plataforma.

2343387A3949178

3 Depois, acesse:

www.editoradobrasil.com.br/leb

e navegue pelos conteúdos digitais de sua coleção **:D**

Lembre-se de que esse código, pessoal e intransferível, é valido por um ano. Guarde-o com cuidado, pois é a única maneira de você acessar os conteúdos da plataforma.

CB037215

Editora do Brasil

LUIZ ROBERTO DANTE

RACIOCÍNIO E CÁLCULO MENTAL
ATIVIDADES DE MATEMÁTICA

4

ENSINO FUNDAMENTAL

Editora
do Brasil

Dados Internacionais de Catalogação na Publicação (CIP)
(Câmara Brasileira do Livro, SP, Brasil)

Dante, Luiz Roberto
Raciocínio e cálculo mental : atividades de matemática 4: ensino fundamental/Luiz Roberto Dante. – São Paulo : Editora do Brasil, 2019.

ISBN 978-85-10-07460-5 (aluno)
ISBN 978-85-10-07461-2 (professor)

1. Atividades e exercícios (Ensino fundamental) 2. Matemática (Ensino fundamental) 3. Raciocínio e lógica I. Título.

19-26395   CDD-372.7

Índices para catálogo sistemático:
1. Matemática : Ensino fundamental 372.7
Maria Alice Ferreira - Bibliotecária - CRB-8/7964

Direção-geral: Vicente Tortamano Avanso

Direção editorial: Felipe Ramos Poletti
Gerência editorial: Erika Caldin
Supervisão de arte e editoração: Cida Alves
Supervisão de revisão: Dora Helena Feres
Supervisão de iconografia: Léo Burgos
Supervisão de digital: Ethel Shuña Queiroz

Supervisão editorial: Rodrigo Pessota
Consultoria técnica: Clodoaldo Pereira Leite
Edição: Rodolfo da Silva Campos e Sônia Scoss Nicolai
Assistência editorial: Cristina Perfetti e Erica Aparecida Capasio Rosa
Copidesque: Ricardo Liberal
Revisão: Alexandra Resende, Evelize Pereira e Elaine Silva
Pesquisa iconográfica: Isabela Meneses
Assistência de arte: Letícia Santos
Design gráfico: Andrea Melo e Talita Lima
Capa: Andrea Melo e Cida Alves
Edição de arte: Renné Ramos
Imagem de capa: Treter/Shutterstock.com
Ilustrações: Adolar, Cláudia Marianno, Dayane Cabral Raven, João P. Mazzoco, Jótah, Kau Bispo e Murilo Moretti
Produção cartográfica: DAE (Departamento de Arte e Editoração),
Coordenação de editoração eletrônica: Abdonildo José de Lima Santos
Editoração eletrônica: Wlamir Miasiro
Licenciamentos de textos: Cinthya Utiyama, Jennifer Xavier, Paula Harue Tozaki e Renata Garbellini
Produção fonográfica: Jennifer Xavier e Cinthya Utiyama
Controle de processos editoriais: Bruna Alves, Carlos Nunes, Rafael Machado e Stephanie Paparella

1ª edição / 3ª impressão, 2023
Impresso no parque gráfico da Pifferprint

Editora do Brasil

Rua Conselheiro Nébias, 887
São Paulo, SP – CEP 01203-001
Fone: +55 11 3226-0211
www.editoradobrasil.com.br

abdr
ASSOCIAÇÃO BRASILEIRA DOS DIREITOS REPROGRÁFICOS
Respeite o direito autoral

APRESENTAÇÃO

Raciocínio lógico e cálculo mental são ferramentas que desafiam a curiosidade, estimulam a criatividade e nos ajudam na hora de resolver problemas e enfrentar situações desafiadoras.

Neste projeto apresentamos atividades que farão você perceber regularidades ou padrões, analisar informações, tomar decisões e resolver problemas. Essas atividades envolvem números e operações, geometria, grandezas e medidas, estatística, sequências, entre outros assuntos.

Esperamos contribuir para sua formação como cidadão atuante na sociedade.

Bons estudos!

O autor

SUMÁRIO

ATIVIDADES

QUATRO AMIGOS, QUATRO TIMES. QUAL É O TIME DE CADA UM?

Analise as informações e ligue os amigos Rui, Marcos, Pedro e Célia ao time para o qual cada um torce.

- ◆ Rui não torce para o Quadriculados.
- ◆ Célia não torce para o Abaquense nem para o Quadriculados.
- ◆ Pedro é tabuadense.

Rui

Marcos

Pedro

Célia

Abaquense

Tabuadense

Dourados

Quadriculados

ONDE ESTÁ O TESOURO?

Renato quer descobrir em qual dos baús está o tesouro. Vamos ajudá-lo?

Leia o roteiro ao lado e marque **X** nos quadradinhos que indicam o caminho que leva o garoto ao baú correto.

Em seguida, circule esse baú.

Roteiro

- Ande 4 casas verdes.
- Vire e ande 3 casas roxas.
- Vire e ande 6 casas azuis.
- Vire e ande 2 casas amarelas.
- Vire e ande 2 casas marrons.

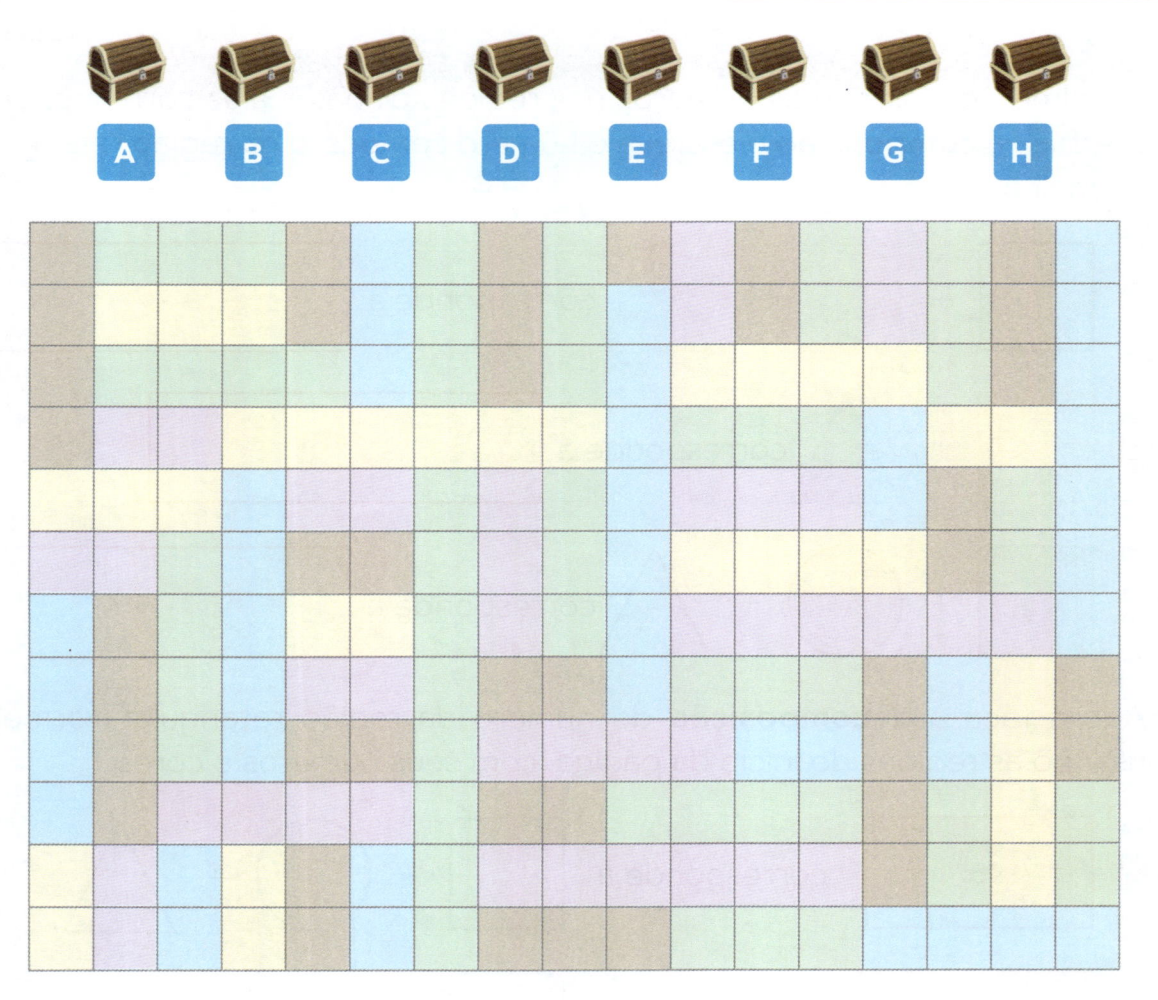

A B C D E F G H

Renato

COMPOSIÇÃO E DECOMPOSIÇÃO DE NÚMEROS NATURAIS

Analise com atenção as regiões planas: suas formas, suas cores e os números no interior delas.

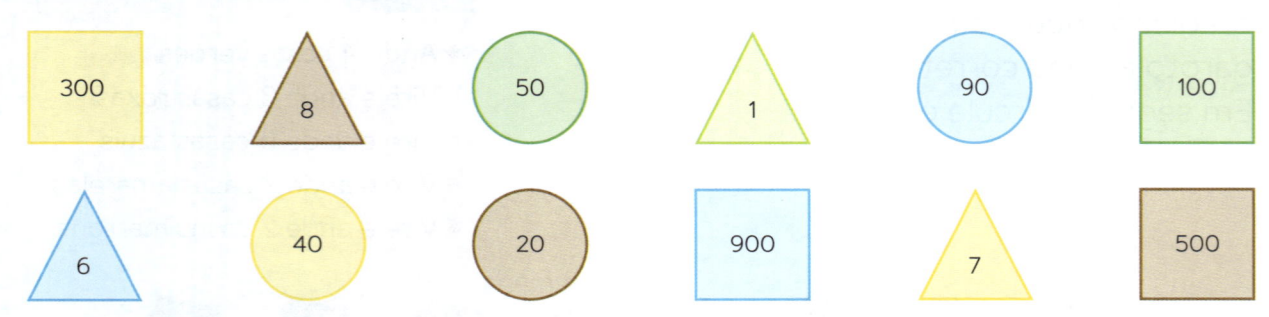

◆ Inicialmente, coloque os números nas regiões planas a eles corresponden-tes, faça a **composição** e escreva o número composto na região retangular vermelha.

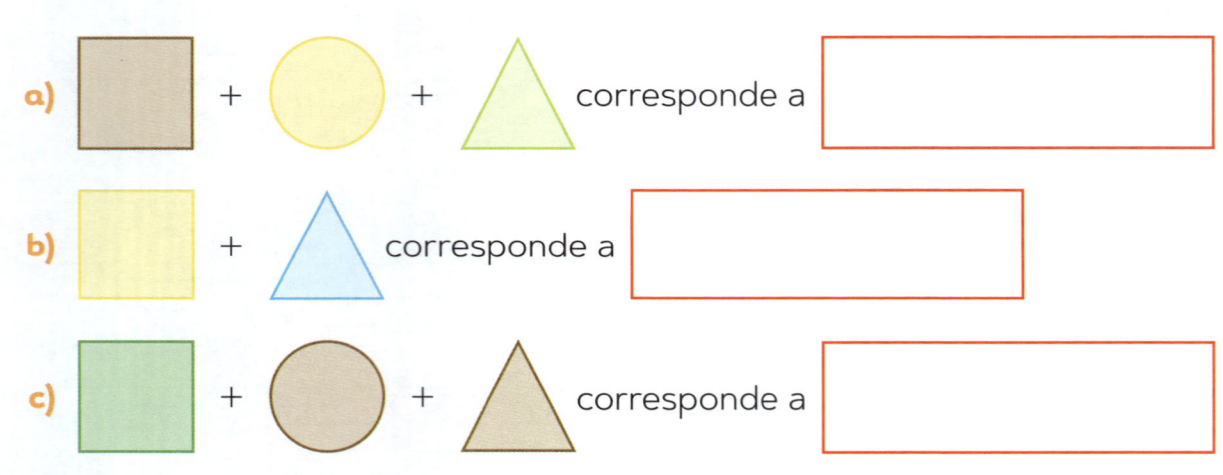

a) ▢ + ◯ + △ corresponde a

b) ▢ + △ corresponde a

c) ▢ + ◯ + △ corresponde a

◆ Agora faça a **decomposição** do número da região retangular vermelha usando as regiões do início da página, com seus números e cores.

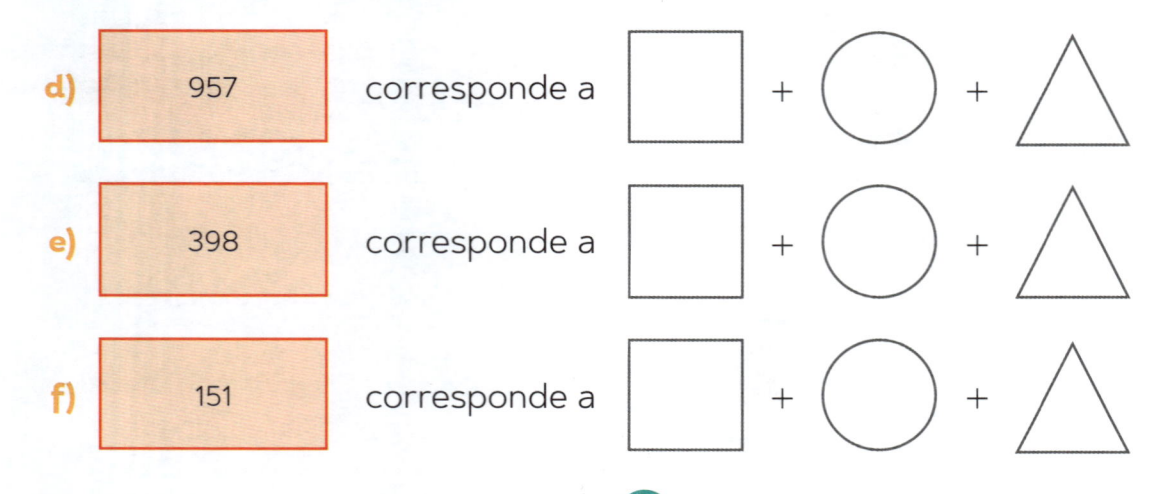

d) 957 corresponde a ▢ + ◯ + △

e) 398 corresponde a ▢ + ◯ + △

f) 151 corresponde a ▢ + ◯ + △

QUE SÓLIDO GEOMÉTRICO SOU EU?

Localize o sólido geométrico citado em cada item e assinale-o com **X**.

a) Sou uma pirâmide.

b) Tenho 6 faces, mas não sou um cubo.

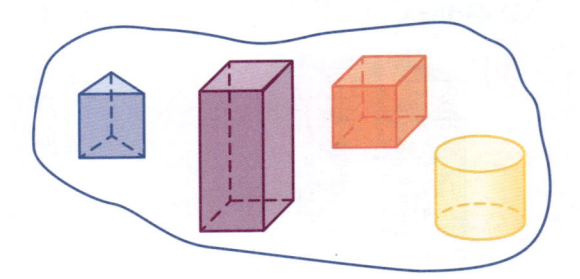

c) Sou um prisma e tenho 6 vértices.

d) Sou um sólido geométrico, mas não sou cone.

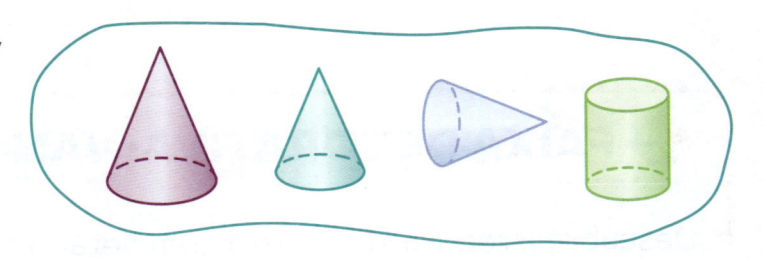

 # SEQUÊNCIA: VAMOS COMPLETAR?

Descubra a regularidade para completar a sequência.

1	2	4	8	16	32	64		
2	4	8	16	32	64	128		

CONSTRUÇÕES COM CUBINHOS

PADRÃO

Marcelo usou os cubinhos do Material Dourado e montou estes três cubos iguais:

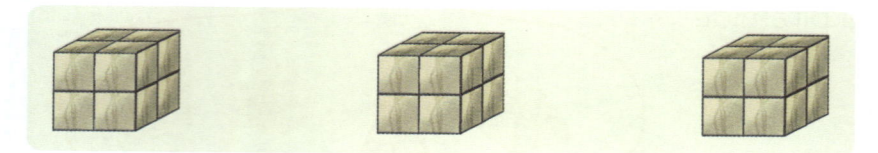

Agora, Alice vai montar um sólido geométrico com todos os cubinhos ou com alguns dos cubinhos que Marcelo usou.

Assinale com **X** os paralelepípedos abaixo que ela pode montar.

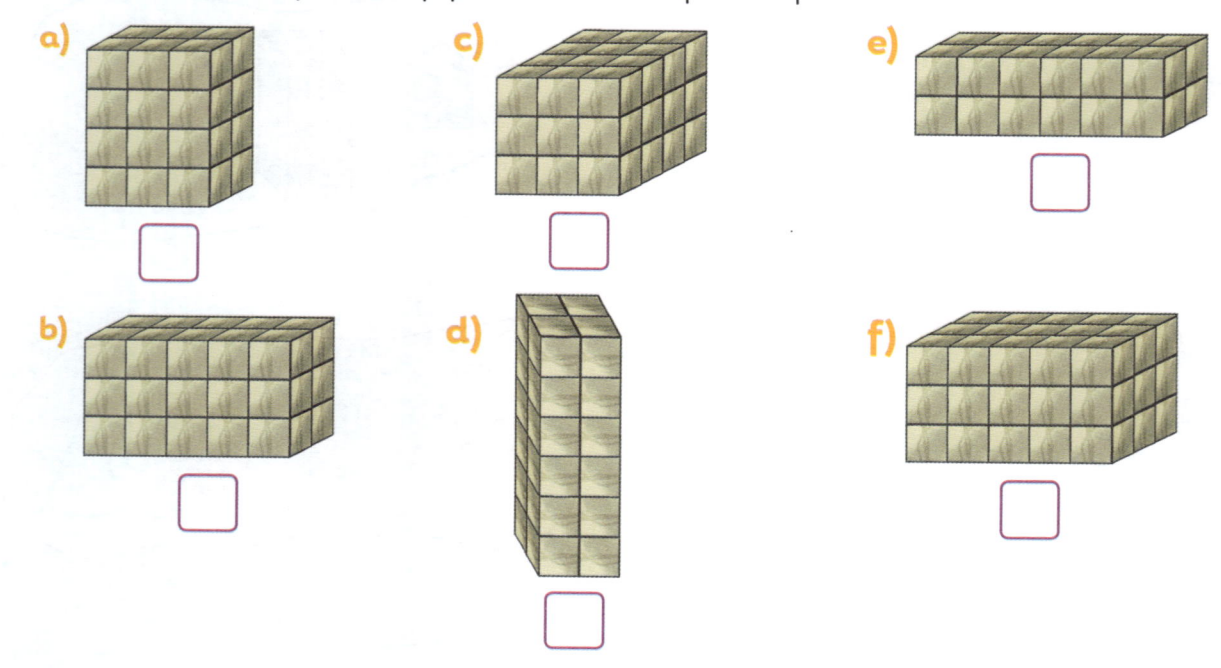

a) ☐

b) ☐

c) ☐

d) ☐

e) ☐

f) ☐

 ## FAIXA DECORATIVA: VAMOS COMPLETAR?

Descubra a regularidade para completar a faixa.

REGULARIDADE NA PILHA E NA ESCADINHA

Descubra uma regularidade nas representações da esquerda e use-a para completar a representação da direita.

a) Pilha

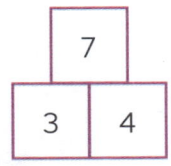

7
3	4

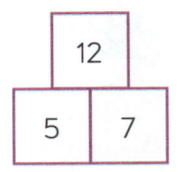

12
5	7

8
4	4

10
2	8

		16
1	3		7	9
0	1	2	3	4	5

b) Escadinha

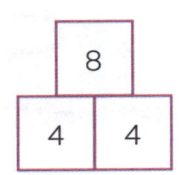

2	4
	6

5	5
	10

1
1	1
1	2	1
1	3	3	1
1	4	6		1
1					1
1						1

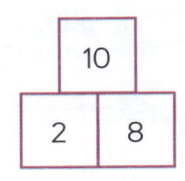

1	7
	8

3	5
	8

SIMETRIA: VAMOS COMPLETAR?

Complete a figura ao lado com a simétrica da parte já desenhada em relação ao eixo traçado.

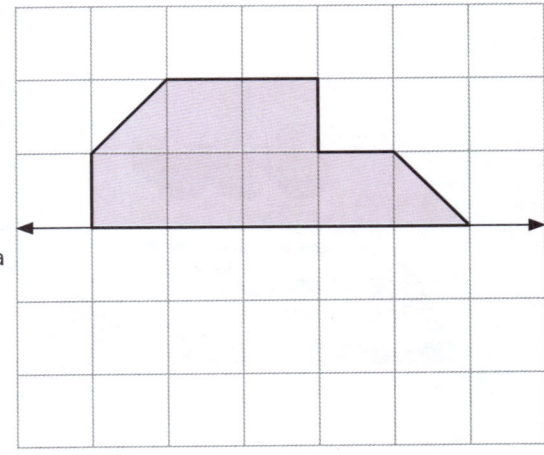

eixo de simetria

VAMOS PESAR AS FRUTAS?

Leandro foi ao mercado de frutas com seu avô e observou algumas pesagens. Veja:

Com base nos valores observados, Leandro imaginou outras pesagens, que estão representadas nas figuras abaixo.

Descubra e registre a medida de massa ("peso") no visor de cada balança.

Atenção: considere que as frutas de mesmo tipo têm "pesos" iguais.

a)

_____

c)

_____

b)

_____

d)

_____

CÁLCULO MENTAL E POSSIBILIDADES. A MESMA QUANTIA EM COMPRAS DIFERENTES.

Rute foi ao supermercado para comprar água sanitária.

Ela encontrou três tipos de embalagem. Veja a seguir o formato e o preço de cada uma.

Pequena	Média	Grande
P	M	G

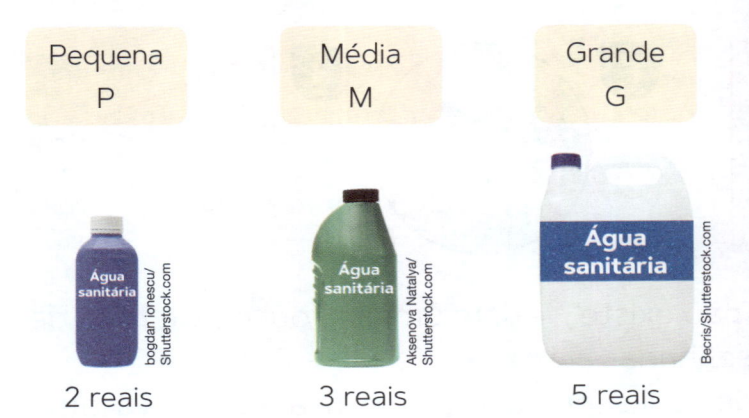

2 reais

3 reais

5 reais

Rute pode gastar 10 reais em sua compra. Nesse caso, ela tem quatro opções de compra. Uma delas já está indicada. Escreva as outras três. Calcule-as mentalmente antes de registrá-las.

Embalagens	Cálculo do total a pagar
5P	2 + 2 + 2 + 2 + 2 = 10 reais

a) _____   _____

b) _____   _____

c) _____   _____

FAIXA DECORATIVA: VAMOS COMPLETAR?

Descubra a regularidade para completar a faixa.

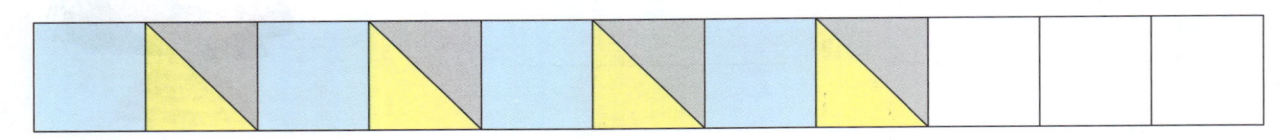

EXISTE OU NÃO EXISTE?

DESCUBRA E RESPONDA

Observe as regiões planas desenhadas abaixo.

A | C | E | G

B | D | F | H

Em cada item a seguir, escreva: "não existe", "existe uma só" ou "existe mais de uma" entre as regiões planas desenhadas acima.

No caso de a região existir, indique qual é (ou quais são) com a respectiva letra.

a) Região triangular: _____

b) Região circular: _____

c) Região pentagonal: _____

d) Região hexagonal: _____

e) Região de 4 lados que não é quadrada: _____

f) Região quadrada: _____

⚑ DESCUBRA E COMPLETE!

Marina fez um pagamento de R$ 30,00 com duas notas.
Uma delas não era de R$ 20,00.
As notas que Marina deu são

de R$ _____ e R$ _____.

ESSE É UM DESAFIO!

CÁLCULO MENTAL: TRÊS NÚMEROS, DUAS OPERAÇÕES

Você deve usar **sempre três** destes quatro números: 2 , 3 , 4 e 5

E deve sempre efetuar uma adição seguida de uma subtração para chegar ao resultado indicado.

Veja o exemplo e preencha cada ☐ adequadamente:

Resultado 7 ⟶ 5 + 4 − 2 = 7 ou 4 + 5 − 2 = 7

9 − 2   9 − 2

a) Resultado 5 : ☐ + ☐ − ☐ = 5 ou ☐ + ☐ − ☐ = 5

b) Resultado 0 : ☐ + ☐ − ☐ = 0 ou ☐ + ☐ − ☐ = 0

c) Resultado 2 : ☐ + ☐ − ☐ = 2 ou ☐ + ☐ − ☐ = 2

Resultado 4 :

☐ + ☐ − ☐ = 4 ou ☐ + ☐ − ☐ = 4

ou ☐ + ☐ − ☐ = 4 ou ☐ + ☐ − ☐ = 4

SIMETRIA: VAMOS COMPLETAR?

Complete a figura com a simétrica da parte já desenhada em relação ao eixo traçado.

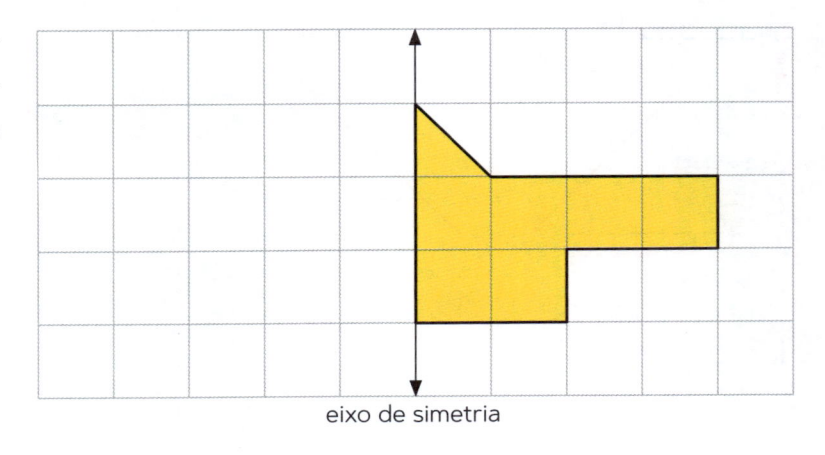

eixo de simetria

PARA CADA SETA, UMA ADIÇÃO

◆ Analise com atenção as setas, suas posições e as adições a elas correspondentes.
Descubra o código e coloque os números nos quadrinhos de acordo com ele.

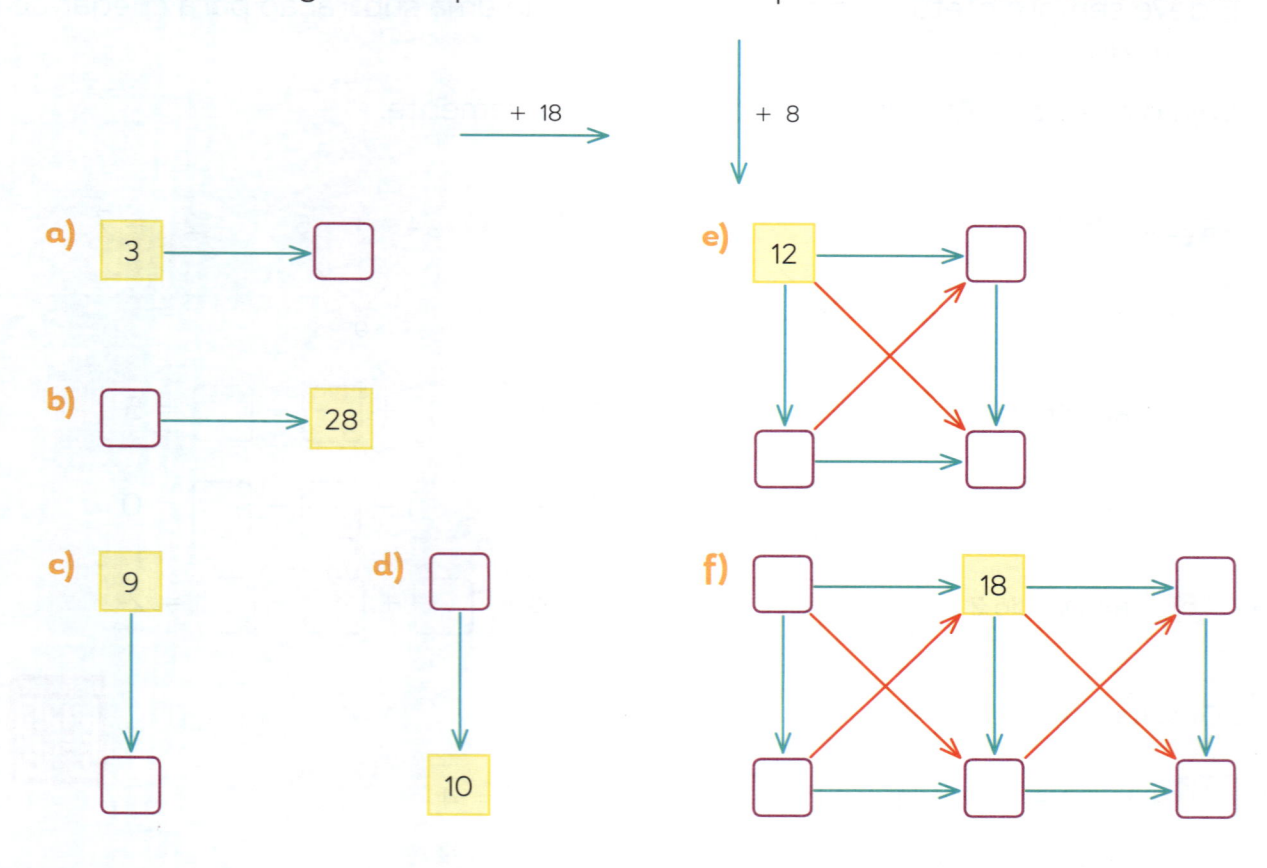

◆ Descubra pelos itens **e** e **f** acima as adições correspondentes às setas vermelhas.
Registre-as no fio ao lado da seta adequada.

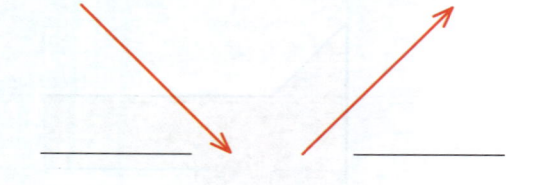

◆ Finalmente, complete mais estes.

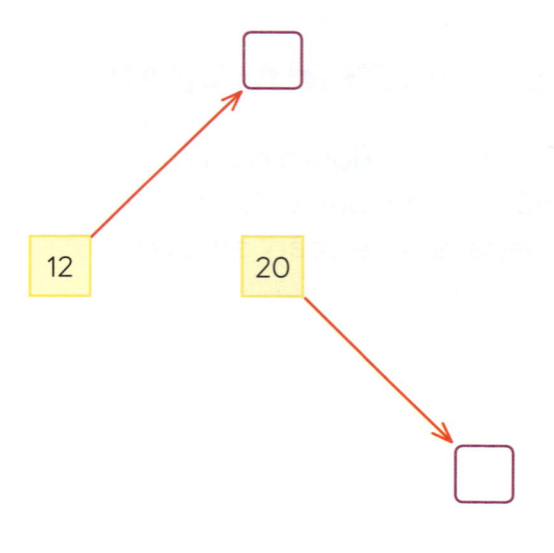

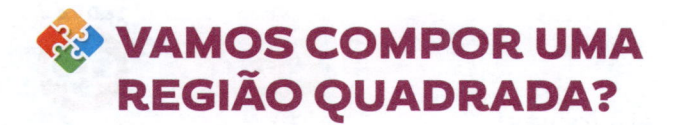 # VAMOS COMPOR UMA REGIÃO QUADRADA?

Ana usou quatro placas coloridas para compor uma região quadrada cujo contorno está desenhado a seguir.
Veja as quatro cores usadas, uma para cada placa:

Três das quatro placas estão desenhadas abaixo. Desenhe e pinte as três placas no espaço quadriculado acima e descubra a forma e o tamanho da 4ª placa.
Pinte a 4ª placa no espaço inicial e faça seu desenho no quadriculado abaixo.

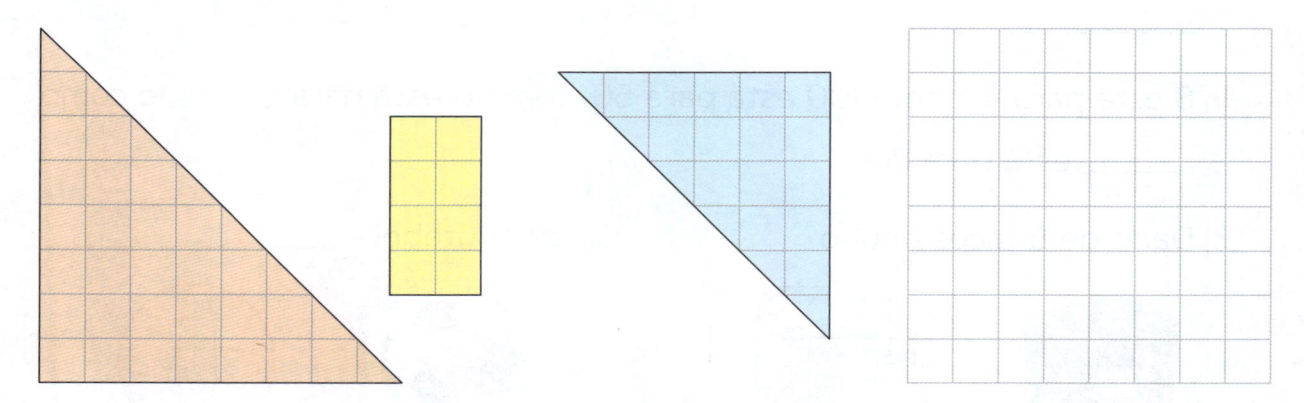

SEQUÊNCIA: VAMOS COMPLETAR?

Descubra a regularidade para completar a sequência.

0	0		1	1		2	2		3	3		4	4						
0	1		1	2		2	3		3	4		4	5						

 **ANALOGIAS**

Analise os exemplos para entender as analogias.

◆ A luva é para a mão o que a meia é para o pé.

◆ O fogão é para a cozinha o que a cama é para o quarto e o que o chuveiro é para o banheiro.

◆ 7 em relação a 2 e 5 é o mesmo que 11 em relação a 8 e 3, e também 30 em relação a 20 e 10

Agora é com você! Faça analogias e registre-as.

a) Porto Alegre é para o Rio Grande do Sul o que Fortaleza é para o _____.

b) 8 está para 4, como 100 está para 50, como 6 está para _____ e como _____ está para 80

c) Dado de 6 faces - cubo   Bola de futebol - _____

d) O frio é no inverno o que o calor é no _____.

e) Com o compasso, traço a circunferência e, com a _____, traço o segmento de reta.

f) O feijão representa para a fome o que a água representa para a _____.

OPERAÇÕES COM PALITOS

Marina viu que a operação estava errada. Veja o que ela fez: manteve o sinal da operação, manteve o sinal de igualdade e mudou a posição de um palito, tornando a operação correta.

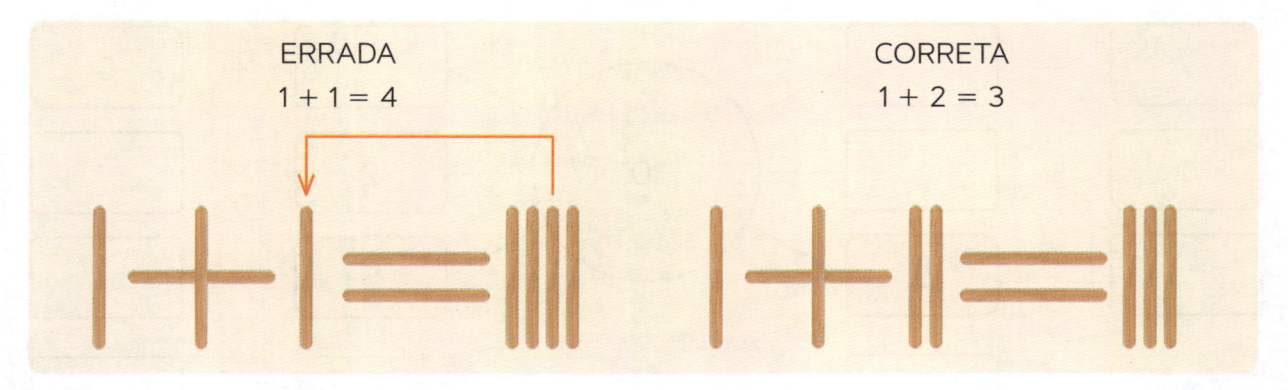

ERRADA
1 + 1 = 4

CORRETA
1 + 2 = 3

Faça o mesmo nos casos abaixo, primeiro usando palitos e depois desenhando aqui.

a)

ERRADA

_____

CORRETA

_____

b)

ERRADA

_____

CORRETA

_____

c)

ERRADA

_____

CORRETA

_____

⚑ CÁLCULO MENTAL: FORMAR 10, FORMAR 100, FORMAR 1000

Calcule mentalmente as operações para encontrar os valores indicados e ano-te-os nos quadros.

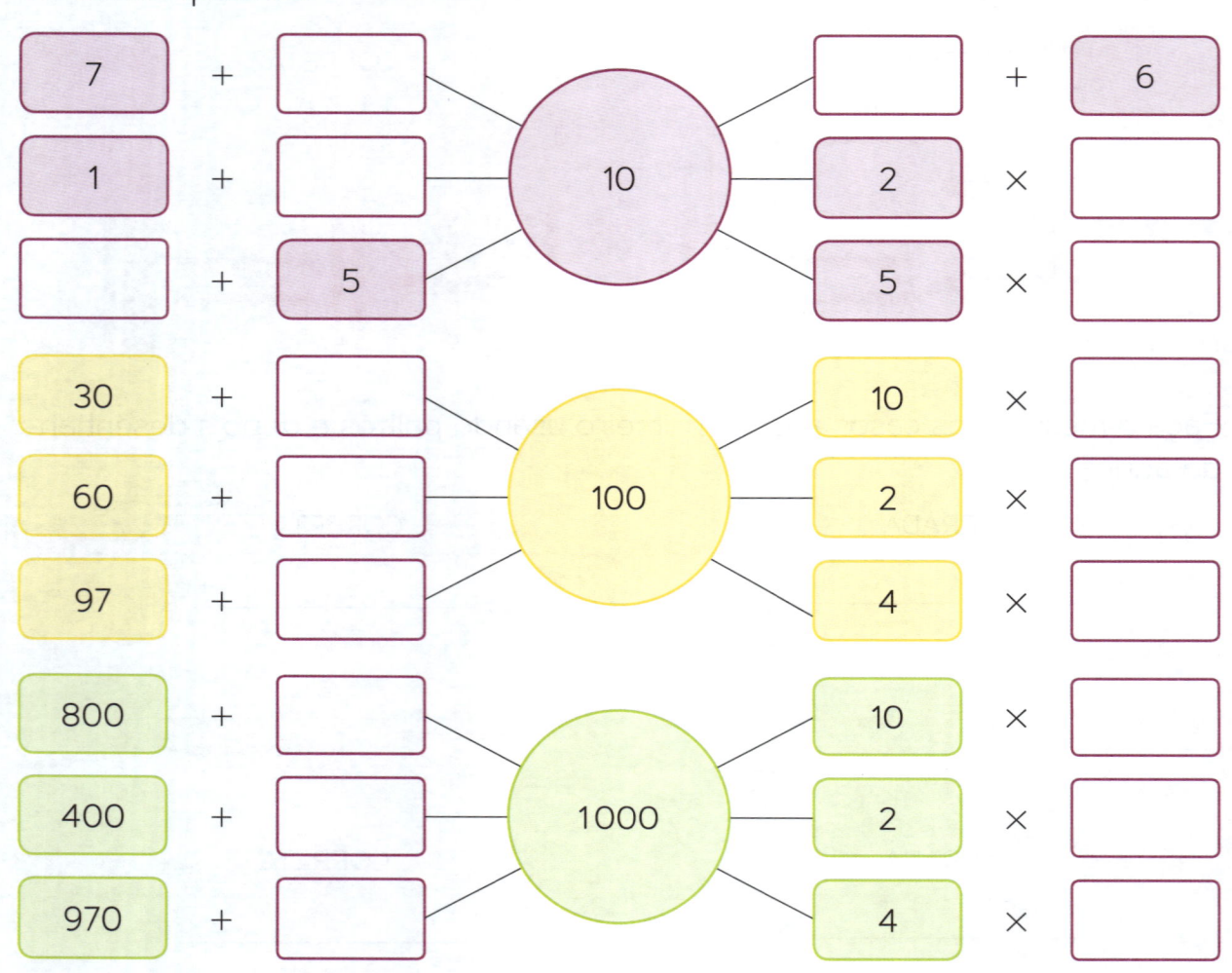

⚑ DESCUBRA E RESPONDA!

Se comprar 3 bolas e 2 piões, Renato vai gastar R$ 29,00.

Stepan Bormotov/Shutterstock.com

Luisa E.Guajardo Diaz/
Shutterstock.com

E se comprar 9 bolas e 6 piões, quanto ele vai gastar? _____

20

CÁLCULO MENTAL: AUMENTAR OU DIMINUIR, DE 1 EM 1, DE 10 EM 10, DE 100 EM 100, DE 1000 EM 1000

Complete as sequências fazendo os cálculos mentalmente.

a)

35	36	37			

b)

2 464
2 454
2 444

c)

1868	2868	3868			

d)

4 633	4 733	4 833			

e)

825	835	845			

f)

				422	423	424	425

g)

			11 730	12 730	13 730	14 730

h)

756
656
556
456

MOSAICO: VAMOS COMPLETAR?

Descubra a regularidade para completar o mosaico.

LOCALIZAÇÃO DE POLÍGONOS

As linhas laranja e azul da figura abaixo determinam duas regiões planas.

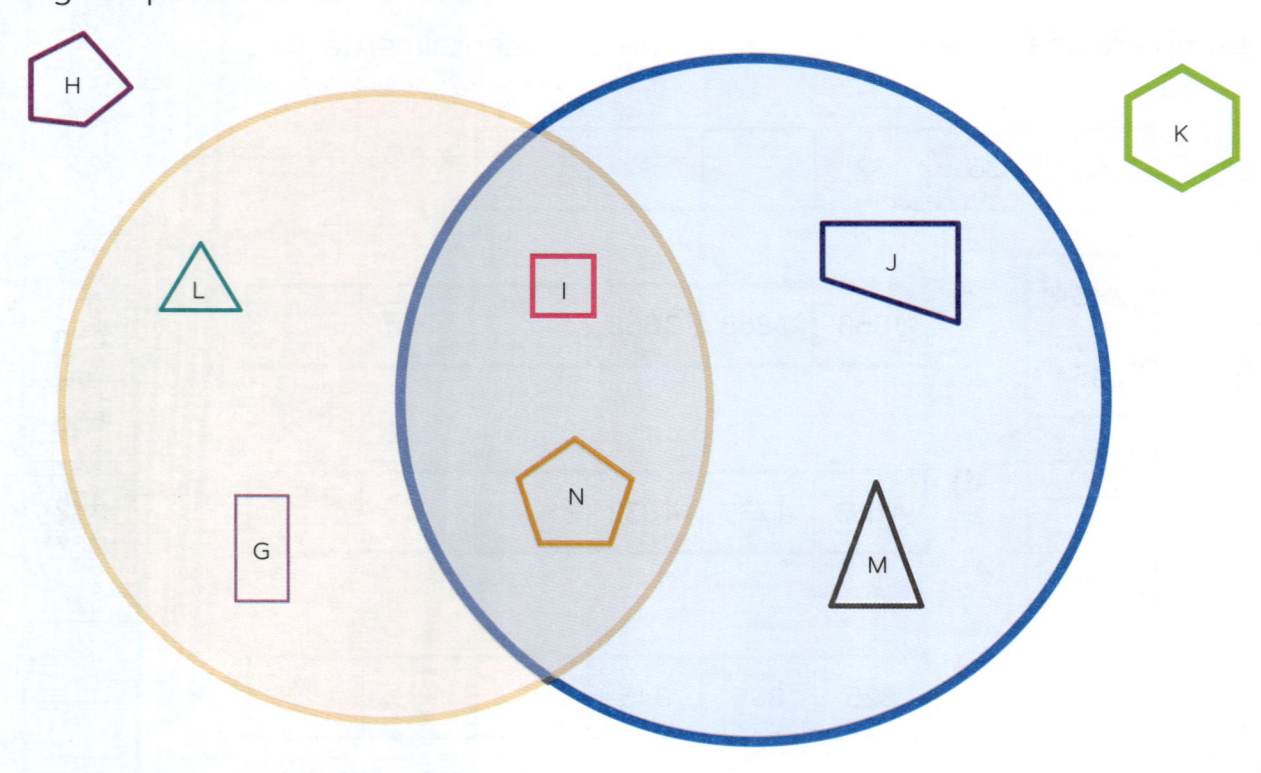

◆ Verifique as posições dos polígonos e indique-os com as letras a eles correspondentes.

a) Polígonos que estão na região de contorno laranja e não estão na região de contorno azul: _____.

b) Polígonos que estão na região de contorno azul e não estão na região de contorno laranja: _____.

c) Polígonos que não estão em nenhuma das duas regiões: _____.

d) Polígonos que estão nas duas regiões: _____.

◆ Agora responda às perguntas considerando os polígonos indicados com as letras acima.

e) Quais são pentágonos? _____

f) Que nome é dado ao polígono K? _____

⚑ O JOGO DE DOMINÓ

Analise com atenção como foram colocadas as peças em um **jogo de dominó**.

Contorne apenas as letras em que as peças estão todas colocadas de forma correta.

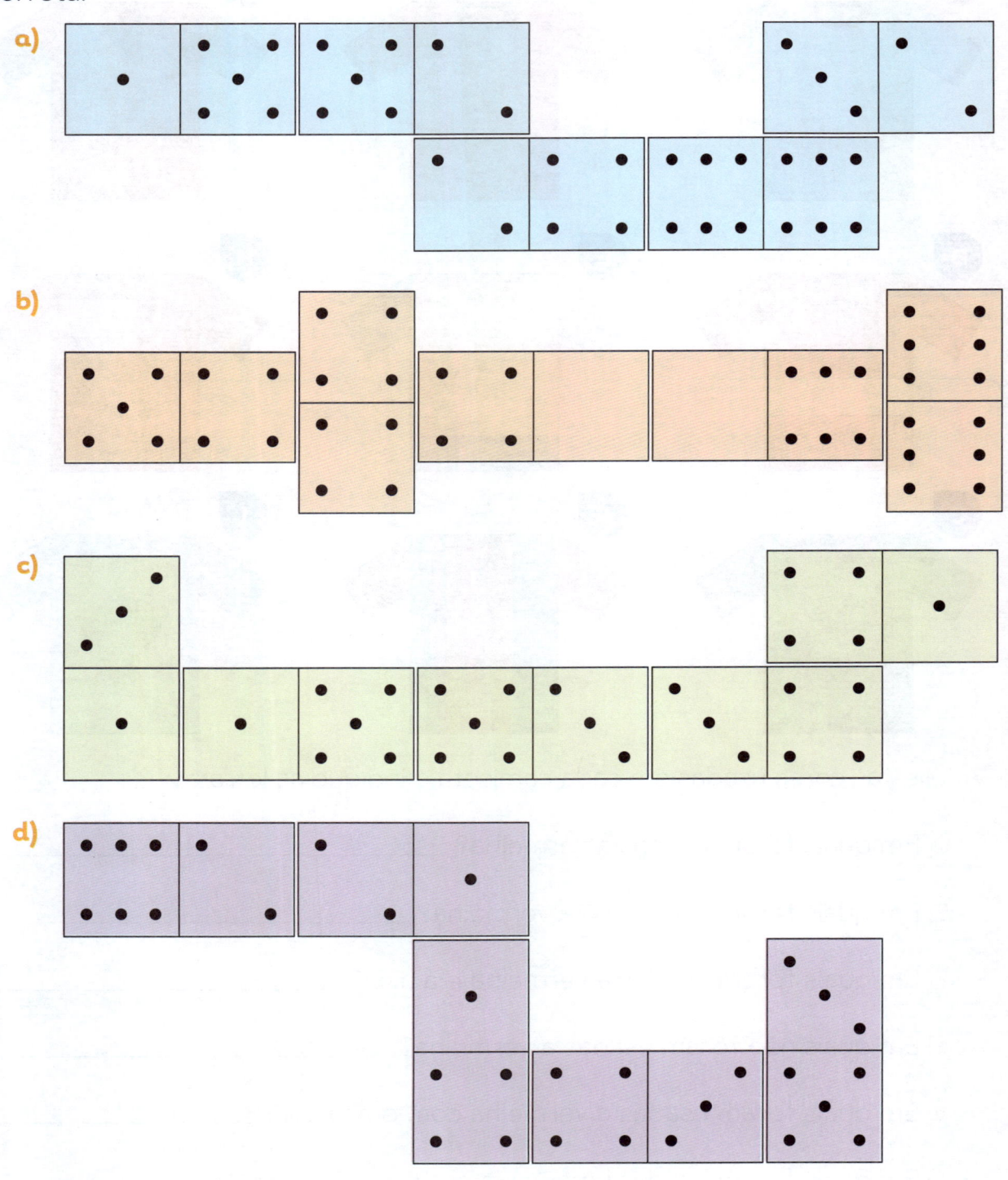

a)

b)

c)

d)

AS CAMISETAS DA LOJA DE DONA LEONOR

Veja os modelos de camiseta que dona Leonor tem em sua loja.

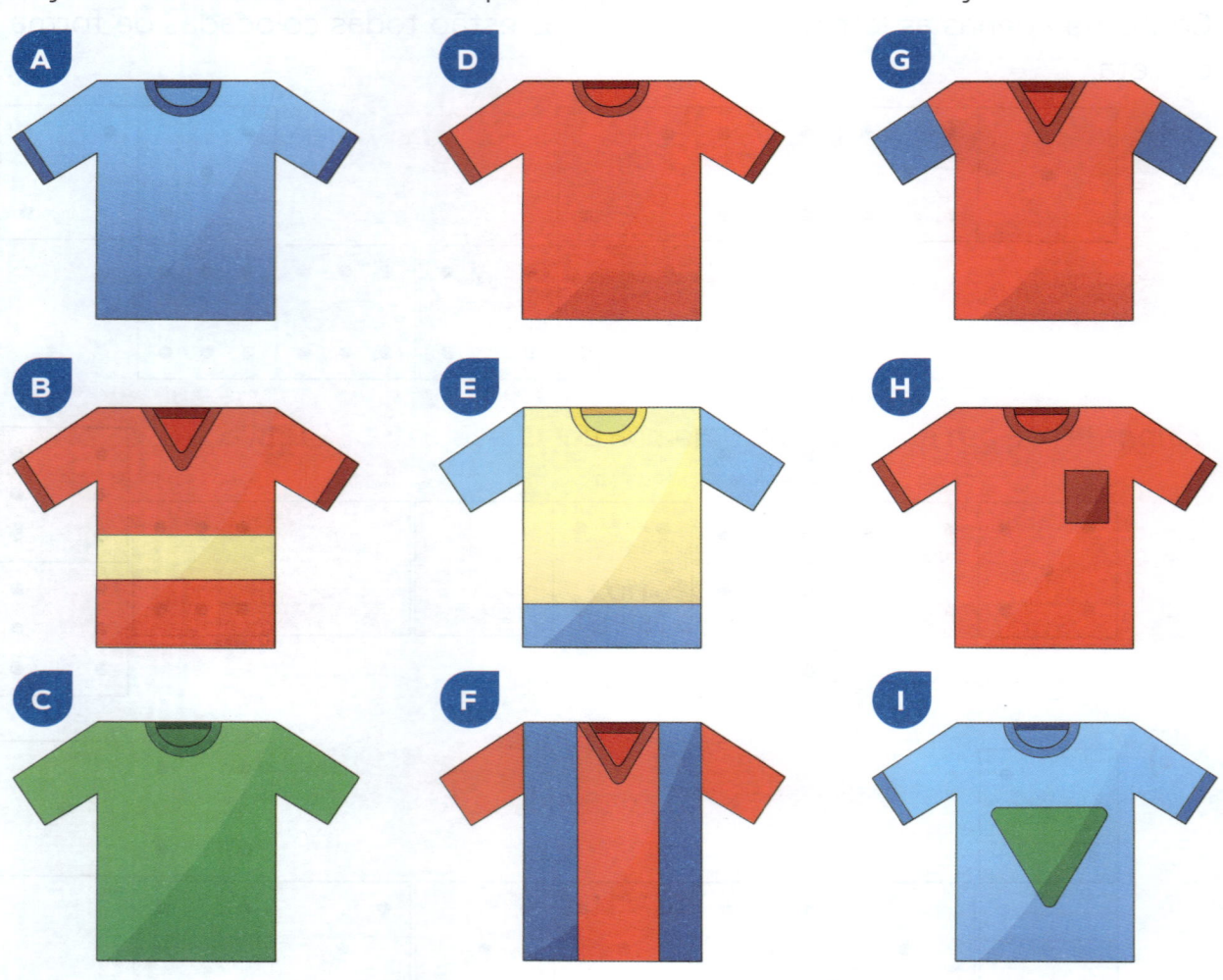

Analise as cores usadas em cada camiseta e indique as letras:

a) Em quais foram usadas a vermelha? _____

b) Em quais foram usadas só a vermelha? _____

c) Em quais foram usadas a vermelha e a azul? _____

d) Em quais não foram usadas a vermelha? _____

e) Em quais foram usadas a vermelha com outra cor? _____

f) Em quais foram usadas uma única cor? _____

 # A CHEGADA DOS ALUNOS

Registre em horas e minutos o momento em que cada criança chegou à escola. Ligue esse momento ao relógio com o horário adequado.

Lucas — 7 e meia: _____ h _____ min

Márcia — vinte minutos depois de Lucas:

_____ h _____ min

Pedro — cinco minutos antes de Márcia:

_____ h _____ min

Renata — quinze minutos depois de Pedro:

_____ h _____ min

MOSAICO: VAMOS COMPLETAR?

PADRÃO

Descubra a regularidade para completar o mosaico.

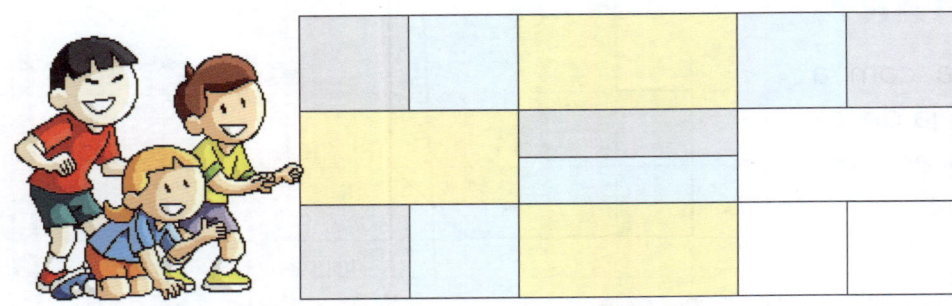

CÁLCULO MENTAL COM DEZENAS EXATAS, CENTENAS EXATAS E MILHARES EXATOS

Veja os exemplos:

- 40 + 30

  (70)

  4 dezenas + 3 dezenas = 7 dezenas

  40 + 30 = 70

- 3 × 2000

  (6 000)

  3 × 2 milhares = 6 milhares

  3 × 2000 = 6 000

- 900 − 500

  (400)

  9 centenas − 5 centenas = 4 centenas

  900 − 500 = 400

- 12 000 ÷ 2

  (6 000)

  12 milhares ÷ 2 = 6 milhares

  12 000 ÷ 2 = 6 000

Agora é com você. Calcule mentalmente e registre o resultado.

a) 400 + 200 = _____

b) 5 000 − 3 000 = _____

c) 7 × 20 = _____

d) 600 ÷ 3 = _____

e) 5 000 + 6 000 = _____

f) 800 − 400 = _____

g) 300 ÷ 5 = _____

h) 4 × 500 = _____

SIMETRIA: VAMOS COMPLETAR?

Complete a figura com a simétrica da parte já desenhada em relação ao eixo traçado.

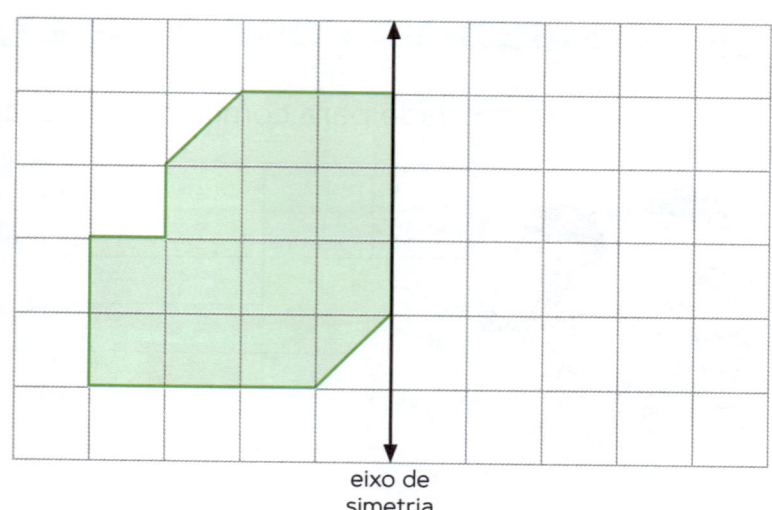

eixo de simetria

CÁLCULO MENTAL: ADIÇÕES E SUBTRAÇÕES COM DEZENAS EXATAS, CENTENAS EXATAS E MILHARES EXATOS

Siga o roteiro proposto, faça os cálculos mentalmente e escreva o resultado das contas.

SOME 5 CENTENAS ÀS 2 CENTENAS DE 3 286.

a) 3 286 + 500

3 286 + 500 = _____

b) 9 245 − 30

9 245 − 30 = _____

TIRE 3 DEZENAS DAS 4 DEZENAS DE 9 245.

c) 5 488 − 1 300

5 488 − 1 300 = _____

TIRE 1 MILHAR DE 5 MILHARES E TIRE 3 CENTENAS DE 4 CENTENAS.

d) 3 400 + 80

3 400 + 80 = _____

JUNTE 3 MILHARES, 4 CENTENAS E 8 DEZENAS.

Agora você escolhe o método para calcular mentalmente e registrar o resultado.

e) 6 253 + 40 = _____

f) 705 + 200 = _____

g) 8 307 − 300 = _____

h) 7 000 + 268 = _____

i) 3 900 − 1 600 = _____

j) 480 − 60 = _____

QUAL É O GRÁFICO?
QUAIS FORAM AS PONTUAÇÕES?

Veja o que aconteceu em uma rodada de um jogo de dados do qual participaram três crianças.

d-e-n-i-s/Shutterstock.com

◆ Leandro fez a metade dos pontos de Valter.
◆ Marta fez 5 pontos a mais do que Leandro.

a) Circule o gráfico que indica a situação descrita acima.

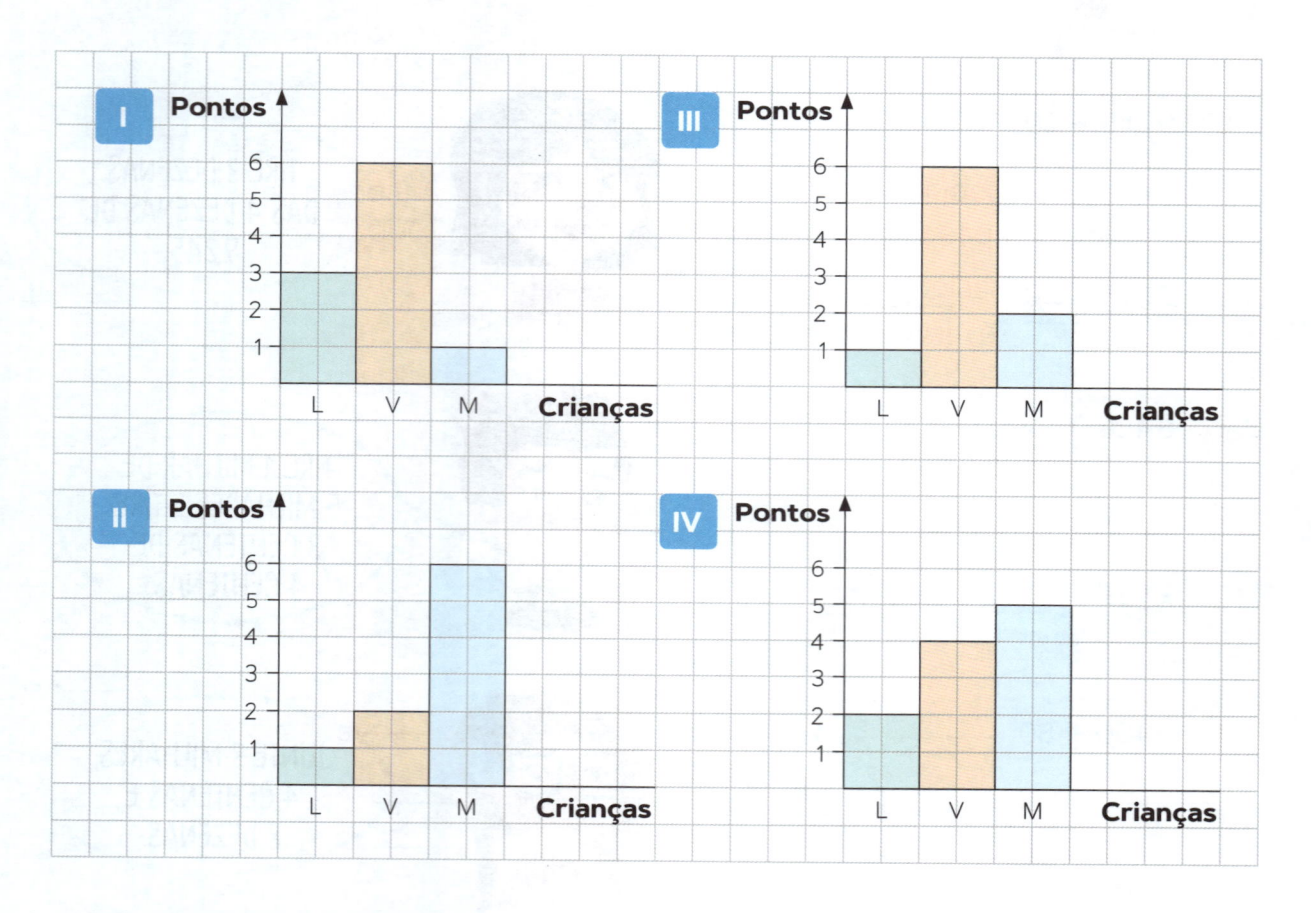

b) Agora indique as três pontuações nas faces do dado e nos traços.

_____ ponto   _____ pontos   _____ pontos

28

CÁLCULO MENTAL: ADIÇÃO COM NÚMEROS ATÉ 9 999

Inicialmente siga o processo sugerido e complete as sequências nos traços.

a) 3 089 + 3

"Ande" 3 para a frente, de 1 em 1:

_____, _____ e

_____.

3 089 + 3 = _____

c) 2 386 + 1 998

Some 2 000 e tire 2:

2 386 + _____ = _____

e _____ − 2 = _____.

2 386 + 1 998 = _____

b) 2 675 + 200

"Ande" 200 para a frente, de 100 em 100:

_____ e

_____.

2 675 + 200 = _____

d) 457 + 90

Some 100 e tire 10:

457 + _____ = _____

e _____ − _____ =

= _____.

457 + 90 = _____

Agora você escolhe o método, calcula mentalmente e registra o resultado.

e) 3 206 + 300 = _____   **g)** 844 + 38 = _____

f) 9 996 + 3 = _____   **h)** 1245 + 199 = _____

ANALOGIA: FAZER E REGISTRAR

◆ O número 30 é para abril o que o número _____ é para dezembro.

◆ O número 1000 está para um milênio como o número 100 está para um

_____.

CÁLCULO MENTAL: SUBTRAÇÃO COM NÚMEROS ATÉ 9 999

Veja como as crianças pensaram para efetuar as subtrações mentalmente. Complete as contas com os números que faltam.

 VOLTO 200 NA SEQUÊNCIA NUMÉRICA DE 100 EM 100 E PENSO 2 900, 2 800.

 TIRO 100 E DEPOIS TIRO 50.

a) 3 000 − 200

Logo, 3 000 − 200 = _____.

c) 600 − 150

600 − _____ = _____

_____ − _____ = _____

Logo, 600 − 150 = _____.

 TIRO 1 000 E SOMO 100.

 VOLTO 40 DE 10 EM 10 E PENSO _____, _____, _____, _____.

b) 4 000 − 900

4 000 − 1 000 = _____

_____ + _____ = _____

Logo, 4 000 − 900 = _____.

d) 3 010 − 40

Logo, 3 010 − 40 = _____.

Agora você escolhe o método, calcula mentalmente e registra o resultado.

e) 400 − 20 = _____

f) 7 000 − 900 = _____

g) 9 999 − 4 = _____

h) 602 − 3 = _____

i) 4 100 − 800 = _____

j) 2 200 − 30 = _____

k) 3 200 − 400 = _____

l) 5 000 − 99 = _____

CÁLCULO MENTAL: VAMOS IGUALAR AS QUANTIAS?

Beto e Tatiana têm as notas indicadas nos quadros:

Imagens: Banco Central do Brasil

Eles irão trocar uma nota para ficar com quantias iguais. Registre como ficarão as notas nos quadros escrevendo seus valores e as quantias totais.

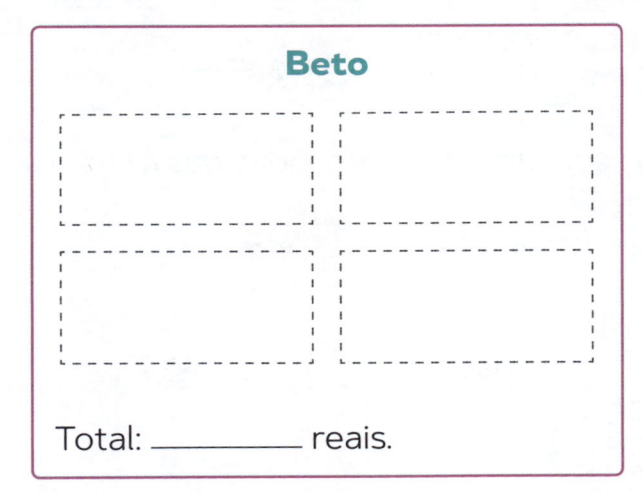

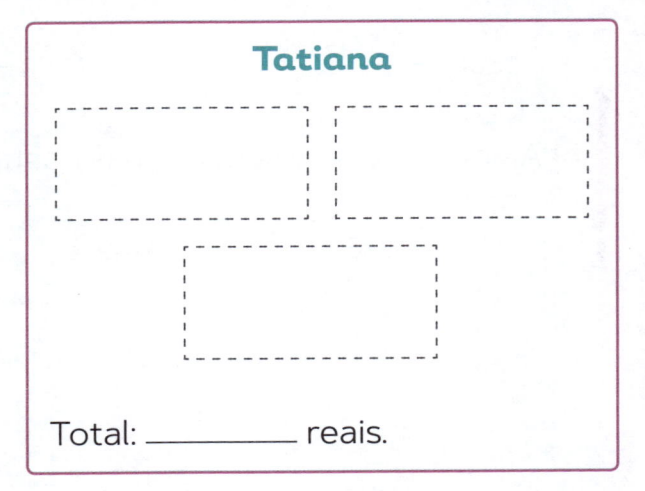

MOSAICO: VAMOS COMPLETAR?

Descubra a regularidade para completar o mosaico.

CADA FICHA EM SUA PASTA

Marcelo usa fichas e pastas.

Para melhor se organizar, ele numera as fichas e coloca letras nas pastas. Veja:

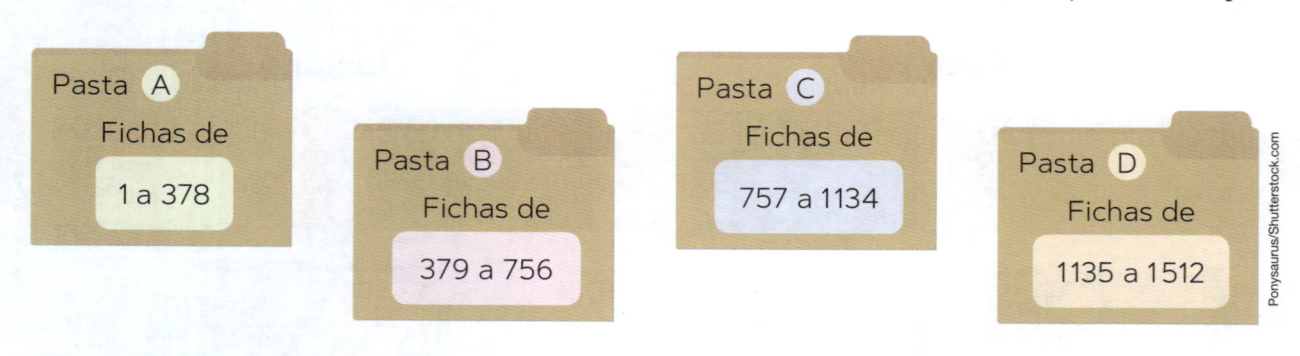

Pasta A
Fichas de
1 a 378

Pasta B
Fichas de
379 a 756

Pasta C
Fichas de
757 a 1134

Pasta D
Fichas de
1135 a 1512

a) Indique a pasta em que será colocada cada uma das fichas abaixo.

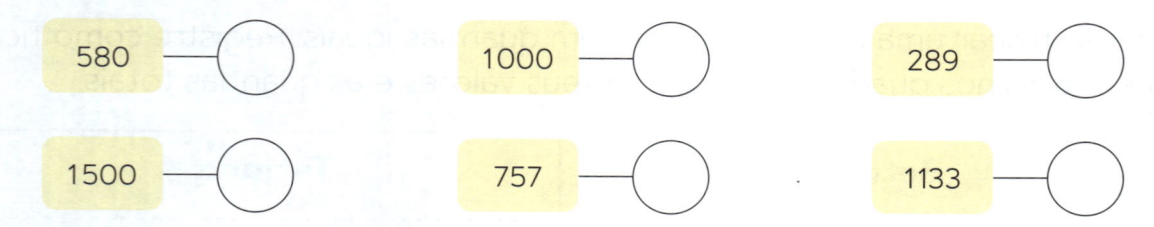

580 ◯   1000 ◯   289 ◯

1500 ◯   757 ◯   1133 ◯

b) Ajude Marcelo a separar, nas pastas corretas, as fichas indicadas a seguir.

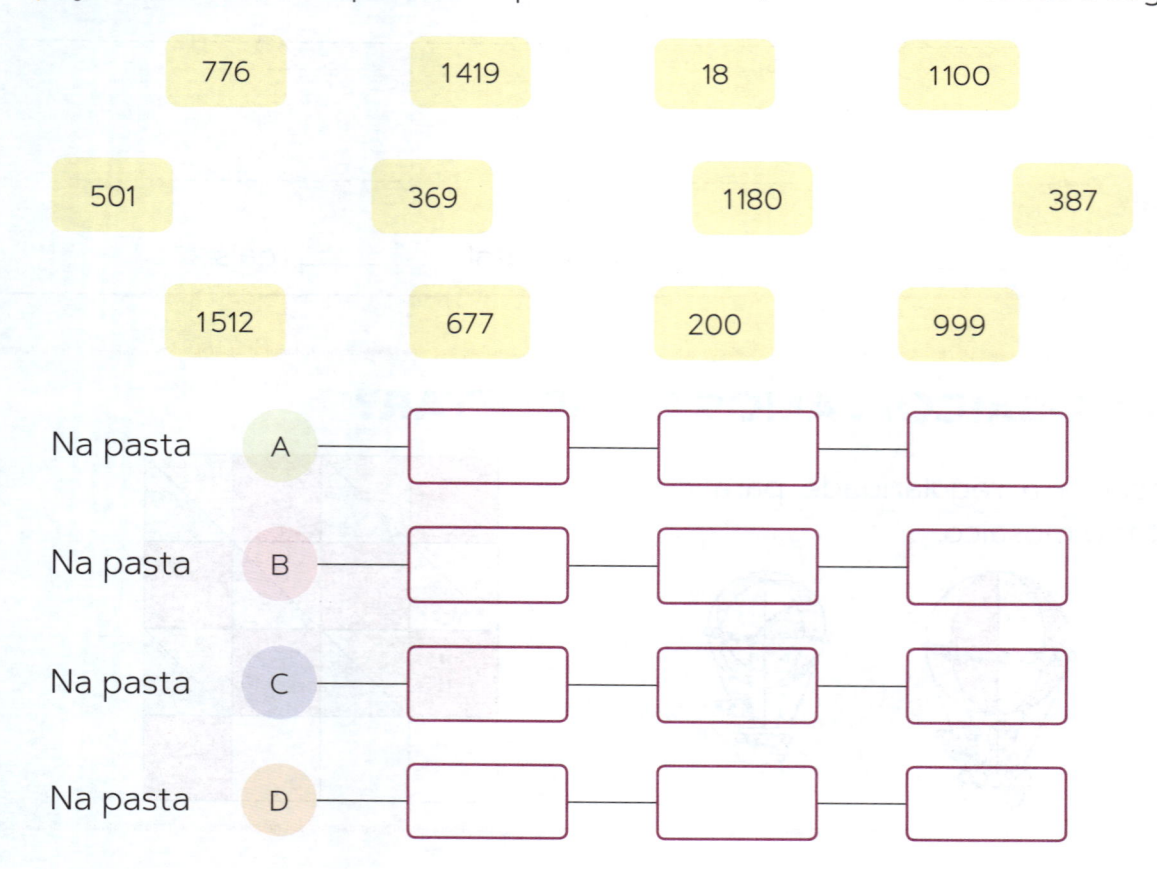

776   1419   18   1100

501   369   1180   387

1512   677   200   999

Na pasta A ☐ ☐ ☐

Na pasta B ☐ ☐ ☐

Na pasta C ☐ ☐ ☐

Na pasta D ☐ ☐ ☐

Ponysaurus/Shutterstock.com

FICHAS COLORIDAS E REGIÕES PLANAS

Observe as fichas coloridas na malha quadriculada abaixo.
São todas quadradas de mesmo tamanho. As cores são quatro.

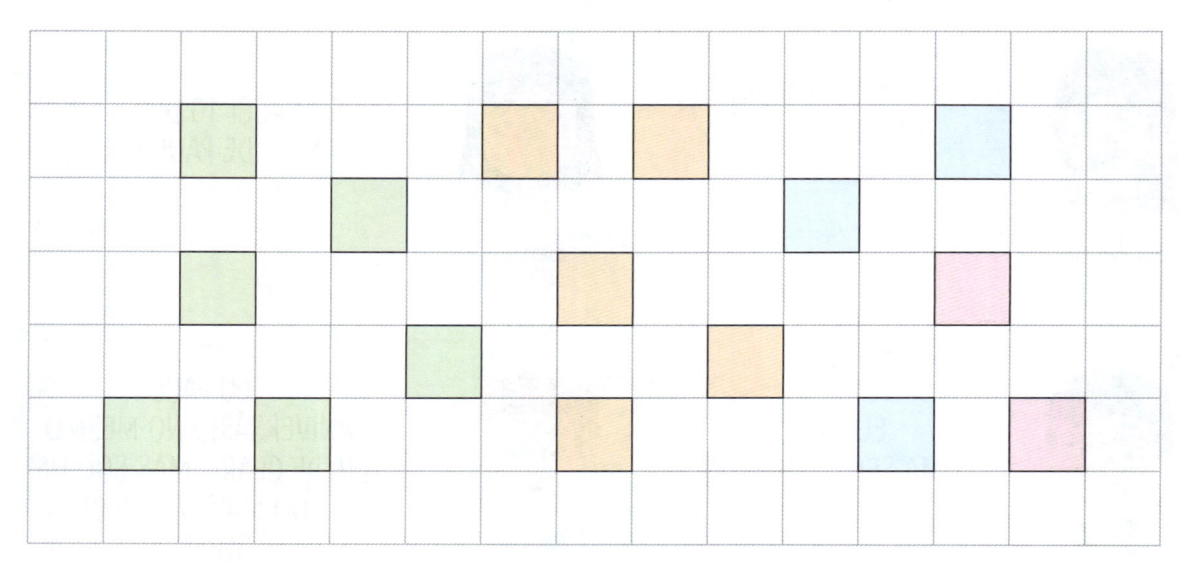

Usando todas as fichas de somente duas cores (laranja e azul), Regina compôs uma região retangular. Veja ao lado.

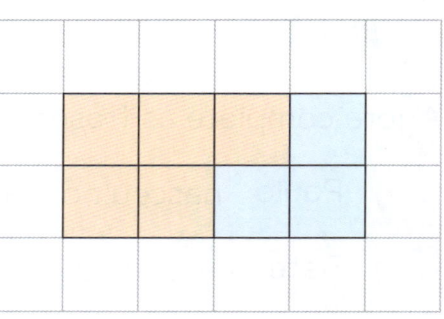

● Agora é com você. Use todas as fichas de somente duas cores e componha uma região quadrada. Desenhe aqui:

● Finalmente complete a frase a seguir. A região quadrada foi composta com

_____ fichas, sendo _____ na cor _____ e _____ na cor

_____.

QUATRO CRIANÇAS E SEUS ANIVERSÁRIOS

Leia as afirmações das quatro crianças:

Clara

> EU NASCI NO DIA 6/10/2008.

Bete

> EU NASCI 10 DIAS ANTES DE PAULO.

Paulo

> EU NASCI UMA SEMANA DEPOIS DE CLARA.

Raul

> EU FAÇO ANIVERSÁRIO NO MESMO DIA DE CLARA, MAS SOU UM ANO MAIS VELHO DO QUE ELA.

Agora complete as frases considerando as informações dadas.

a) Paulo nasceu no dia _____/_____/_____.

b) Bete nasceu no dia _____/_____/_____.

c) Raul nasceu no dia _____/_____/_____.

d) No dia 6/10/2013, Raul fez _____ anos.

e) Clara vai fazer 20 anos no dia _____/_____/_____.

f) Em cada ano, das quatro crianças, a primeira a fazer aniversário é _____ no dia _____ de _____.

DESCUBRA E RESPONDA!

Um carro percorreu uma distância em 1 hora e 10 minutos.
Outro carro percorreu a mesma distância em 80 minutos.

Qual foi mais rápido: o primeiro ou o segundo? _____.

CAMINHOS PARA O MENINO IR À ESCOLA

Considere estas distâncias como 1 quarteirão: •——————• ou

a) Na figura abaixo temos um trajeto traçado em verde, que leva o menino até a escola.

Quantos quarteirões tem esse trajeto? _____ quarteirões

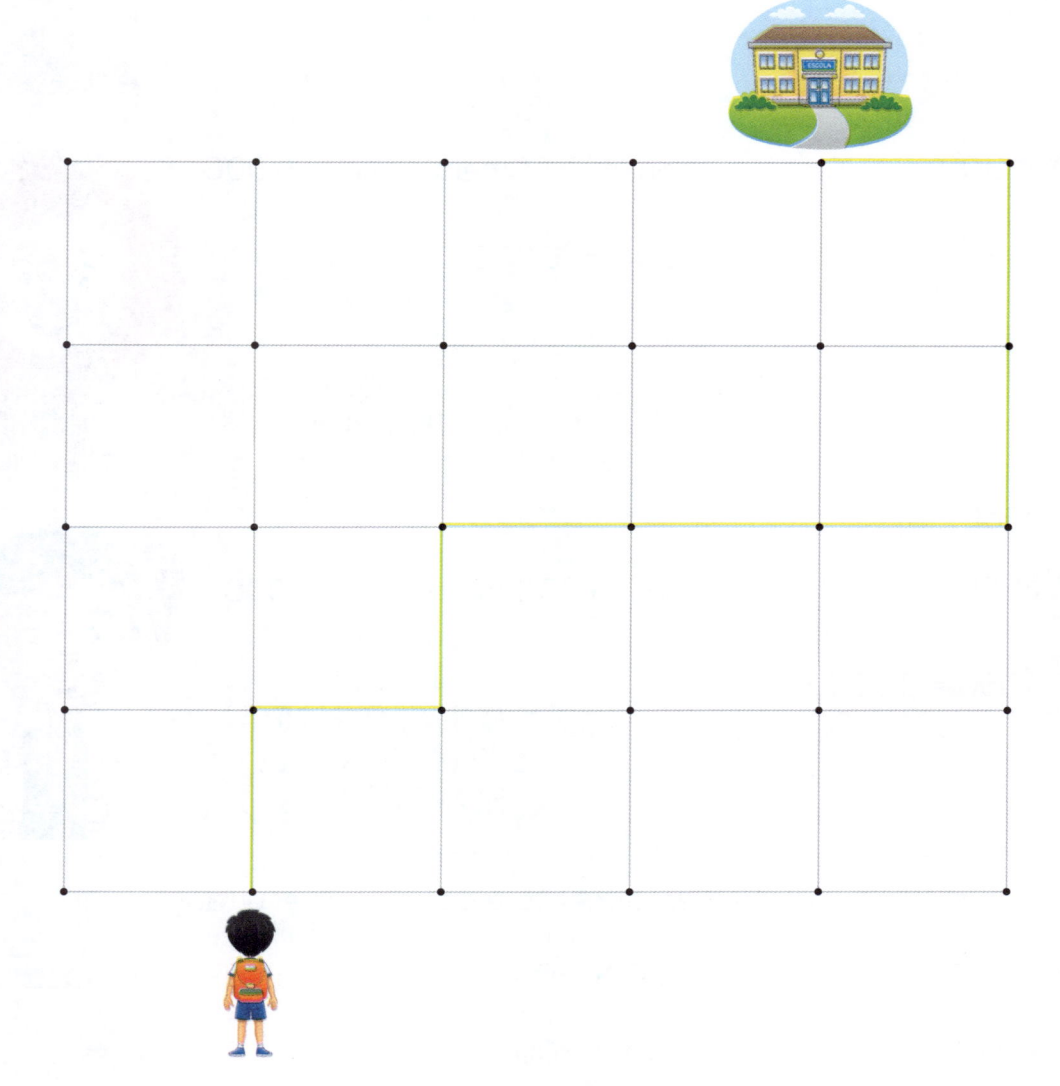

b) Agora trace, na figura acima, mais dois trajetos que levem o menino à escola: um azul de 11 quarteirões e um vermelho de 7 quarteirões. Mas atenção: os três trajetos não devem passar por um mesmo quarteirão.

CÁLCULO MENTAL: MULTIPLICAÇÃO COM DEZENAS EXATAS, CENTENAS EXATAS E MILHARES EXATOS

Observe os exemplos:

- 3×20 → 3×2 dezenas → 6 dezenas ou 60

$3 \times 20 = 60$

3×2 um zero

3×20
FAÇO $3 \times 2 = 6$ E COLOCO UM ZERO.

- 20×300 → 20×3 centenas → 60 centenas ou 6 000

$20 \times 300 = 6\,000$ $20 \times 300 = 6\,000$

3×2 três zeros

20×300
FAÇO $2 \times 3 = 6$ E COLOCO TRÊS ZEROS.

- Atenção!

40×50 → 40×5 dezenas → 200 dezenas ou 2 000

$40 \times 50 = 2\,000$

4×5 dois zeros

40×50
FAÇO $4 \times 5 = 20$ E COLOCO DOIS ZEROS. FICAM TRÊS ZEROS.

Agora é com você. Calcule mentalmente e escreva o resultado.

a) $3 \times 3\,000 =$ _____

b) $2 \times 400 =$ _____

c) $7 \times 300 =$ _____

d) $2 \times 50 =$ _____

e) $20 \times 20 =$ _____

f) $30 \times 300 =$ _____

g) $6 \times 500 =$ _____

h) $20 \times 60 =$ _____

i) $10 \times 30 =$ _____

j) $40 \times 20 =$ _____

k) $50 \times 80 =$ _____

l) $40 \times 40 =$ _____

CÁLCULO MENTAL: DIVISÕES USANDO MULTIPLICAÇÃO

Calcule mentalmente e complete as frases.

a) 12 ÷ 4

O número que multiplicado por 4 dá 12 é _____.

Logo, 12 ÷ 4 = _____.

b) 200 ÷ 5

Multiplicando 5 por _____ dá 200.

Logo, 200 ÷ 5 = _____.

c) 80 ÷ 4 = _____, pois 4 × _____ = 80

d) 800 ÷ 400 = _____, pois _____ × 400 = 800

e) 42 ÷ 7 = _____

f) 250 ÷ 5 = _____

g) 100 ÷ 2 = _____

h) 72 ÷ 8 = _____

i) 300 ÷ 3 = _____

j) 800 ÷ 2 = _____

k) 90 ÷ 3 = _____

l) 400 ÷ 8 = _____

m) 900 ÷ 30 = _____

n) A quantia de R$ 300,00 foi repartida igualmente entre 5 pessoas.

Cada uma recebeu R$ _____

_____ ÷ _____ = _____, pois _____ × _____ = _____

ANALOGIA: FAZER E REGISTRAR

◆ A pista é para o corredor o que a piscina é para o

_____.

◆ A decomposição 300 + 40 + 7 leva ao número 347, assim como a decomposição 1000 + 300 + 8 leva ao número _____.

AS COMPRAS DE MATERIAL ESCOLAR

Veja os preços:

| caneta R$ 6,00 | caderno R$ 9,00 | livro R$ 15,00 | caixa de lápis R$ 12,00 |

Calcule os valores e complete as frases.

a) Se comprar 1 caneta e 1 livro, Roberto vai gastar R$ _____.

b) Se comprar 3 cadernos, Patrícia ainda ficará com R$ 5,00.

Então, Patrícia tem R$ _____.

c) Para comprar 2 caixas de lápis, Álvaro ainda precisa de R$ 6,00.

Então, Álvaro tem R$ _____.

d) Com 30 reais é possível comprar, no máximo, _____ cadernos.

e) Com 30 reais é possível comprar uma caixa de lápis e, no máximo, _____ cadernos.

f) O preço de 2 caixas de lápis é o mesmo de _____ canetas.

DESCUBRA E RESPONDA!

Uma tora de madeira será cortada por uma serra em 5 partes iguais.
Cada corte leva 3 minutos para ser feito.
Quanto tempo será gasto para que as 5 partes

sejam obtidas? _____

BOLAS NAS CAIXAS, MEIAS NAS GAVETAS

◆ Em uma caixa há 10 bolas iguais, com estas cores:

Quantas bolas Marcelo deve retirar da caixa, sem olhar, para ter certeza de que pelo menos uma delas é vermelha?

Resposta: _____

◆ Em uma gaveta há 4 meias azuis e 4 meias amarelas. Ana vai retirar meias dessa gaveta sem olhar para elas.

a) Quantas meias Ana deve retirar para garantir que tem um par com meias

da mesma cor? _____

b) Quantas meias ela deve retirar para garantir que tem um par de meias

azuis? _____

ALGORITMO USUAL DA ADIÇÃO E DA SUBTRAÇÃO

Complete as contas colocando algarismos nos ☐ e fazendo os cálculos mentalmente.

Depois use uma calculadora para conferir as somas.

Adição

a)
```
    3  7  2
 +  1  4  9
 ─────────
  [ ][ ][ ]
```

b)
```
    5  2
 +  3    2
 ─────────
    [ ] 2  7
```

c)
```
    7 [ ] 3
 +  1  4 [ ]
 ─────────
  [ ] 8  0
```

d)
```
    3 [ ] 4  6
 +    [ ] 3    5
 ─────────
    7  2  0 [ ]
```

Subtração

e)
```
    3  8  2  5
 −  1  4  1  9
 ─────────
  [ ][ ][ ][ ]
```

f)
```
    7 [ ] 3
 −  6  2 [ ]
 ─────────
    [ ]    5  1
```

g)
```
  [ ] 4  6
 −  6  2 [ ]
 ─────────
    3 [ ] 7
```

h)
```
  [ ] 2  4  3
 −  3  1  7
 ─────────
    5 [ ][ ] 1
```

🧩 MOSAICO: VAMOS COMPLETAR?

Descubra a regularidade para completar o mosaico.

É HORA DE PINTAR PALITOS E PLACAS!

Rafael e seus colegas tinham os palitos e as placas coloridas indicadas abaixo.

Observe suas cores, suas formas e seus tamanhos.

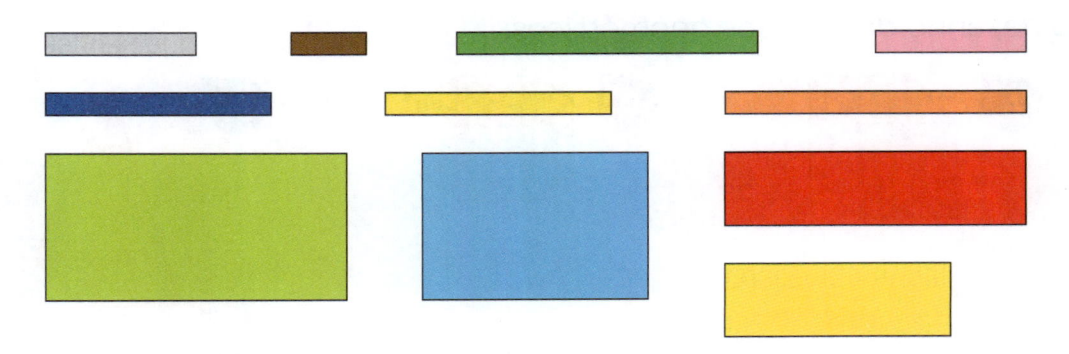

Com esses palitos e essas placas, as crianças construíram os polígonos e as regiões planas desenhadas a seguir.

Pinte-os com as cores adequadas para mostrar onde os palitos e as placas foram usados.

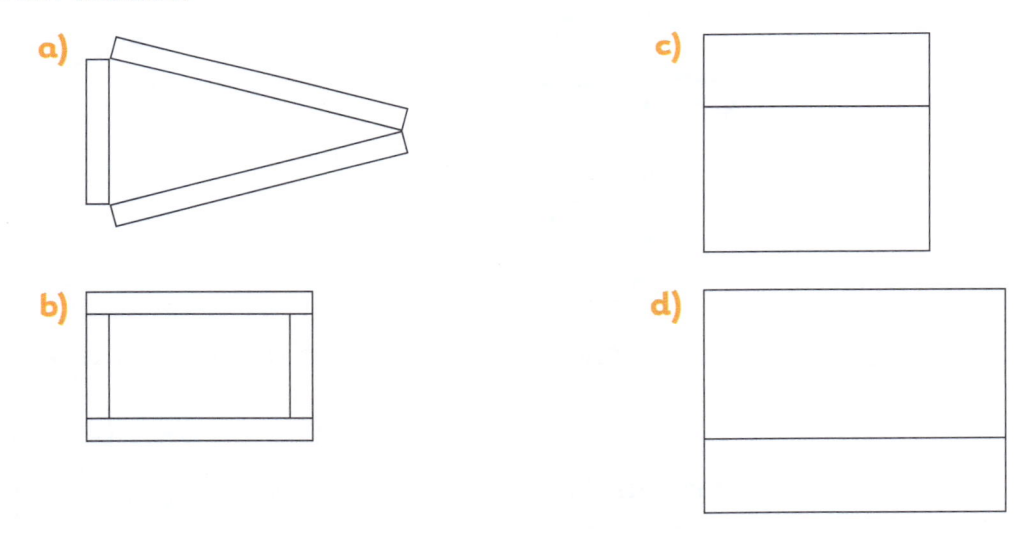

a)

b)

c)

d)

SEQUÊNCIA: VAMOS COMPLETAR?

Descubra a regularidade para completar a sequência.

| 3 | 6 | 7 | 14 | 15 | 30 | 31 | 62 | 63 | | |

 O JOGO DOS SÓLIDOS GEOMÉTRICOS. QUEM GANHOU?

Nesse jogo, André e Marcos sortearam 4 sólidos geométricos cada um. O vencedor foi o que conseguiu mais sólidos pintados de verde. Veja o desenho dos sólidos geométricos:

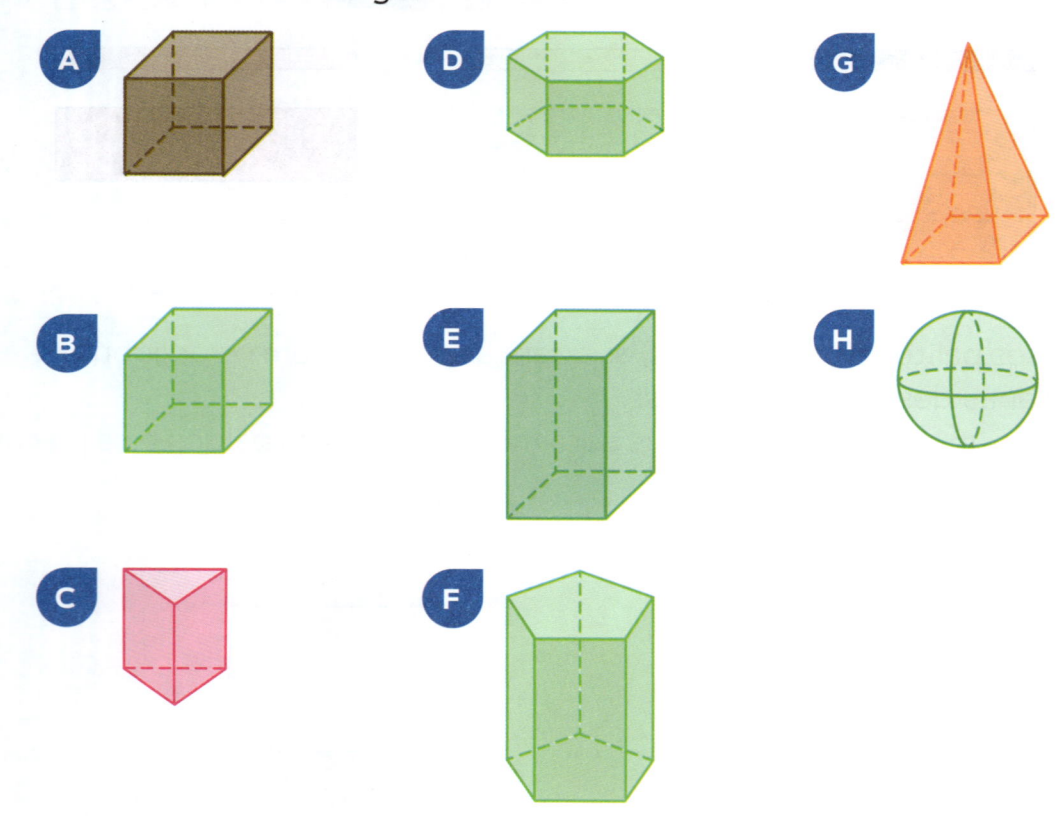

Pelas afirmações a seguir, você pode descobrir os 4 sólidos sorteados por André. Contorne suas letras.

- O sólido com exatamente 6 faces que não é um cubo.
- O sólido com exatamente 5 vértices.
- O sólido que não tem faces planas.
- O sólido com exatamente 9 arestas.

Os 4 sólidos restantes são os sorteados por Marcos.

Agora complete a frase: O vencedor do jogo foi _____,

pois ele sorteou _____ sólidos verdes, e _____ sorteou _____

sólidos verdes.

FRUTAS PARA AS CRIANÇAS: VAMOS DISTRIBUIR?

Vamos distribuir as 4 frutas abaixo para Paula, Nino, Roberto e Telma, uma para cada criança:

figo laranja pera maçã

Leia com atenção as afirmações:

- ◆ Paula gosta das 4 frutas.
- ◆ Roberto não gosta de figo nem de laranja.
- ◆ Telma não gosta de laranja.
- ◆ Nino só gosta de maçã.

Ligue cada criança a uma fruta, de modo que todos os gostos sejam atendidos.

Paula

Nino

Roberto

Telma

figo

laranja

pera

maçã

⚑ COMPLETE PALAVRAS E RELACIONE COLUNAS

Observe o que aparece na coluna da esquerda.

Complete cada palavra da coluna da direita com as duas sílabas que faltam, de modo que corresponda a um elemento da coluna da esquerda.

Depois ligue elementos e palavras correspondentes.

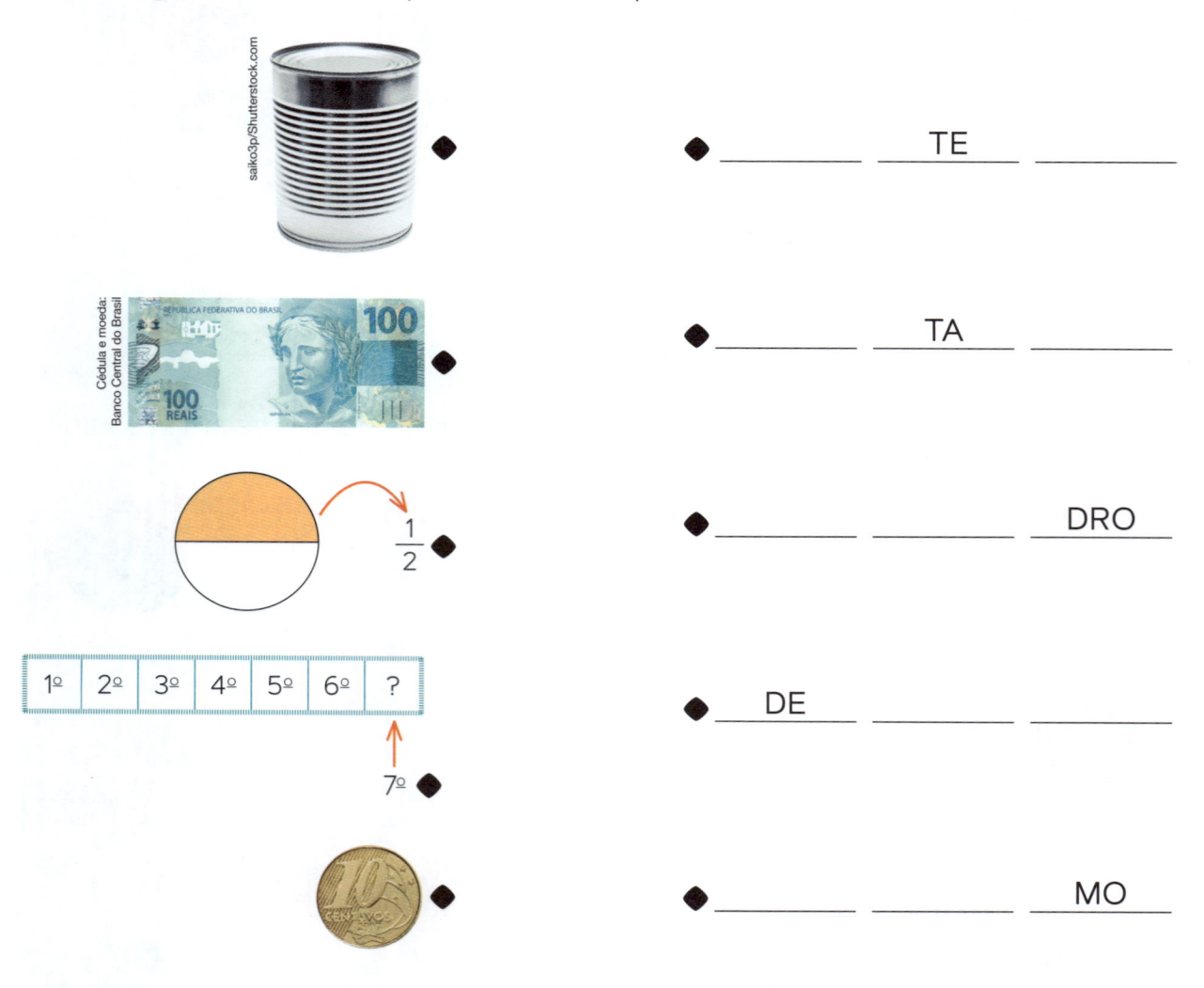

◆ _____ ___TE___ _____

◆ _____ ___TA___ _____

◆ _____ _____ ___DRO___

◆ ___DE___ _____ _____

◆ _____ _____ ___MO___

⚑ DESCUBRA E COMPLETE!

Usando apenas os algarismos 1, 2, 3, 4 e 5, escreva a operação em que o número formado por um deles vezes um número formado por dois deles dá um número formado pelos dois restantes:

_____ × _____ = _____

ALGORITMO USUAL DA MULTIPLICAÇÃO E DA DIVISÃO

Descubra o resultado calculando mentalmente e coloque um algarismo em cada ☐.

Depois use uma calculadora para conferir o resultado.

Multiplicação

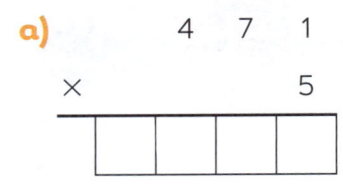

a)
```
    4  7  1
 ×        5
 ─────────────
 ☐  ☐  ☐  ☐
```

b)
```
      ☐  2
 ×
    3  4
```

c)
```
 ☐  7  2  ☐
 ×        5
 ────────────
 8  ☐  4  5
```

Divisão

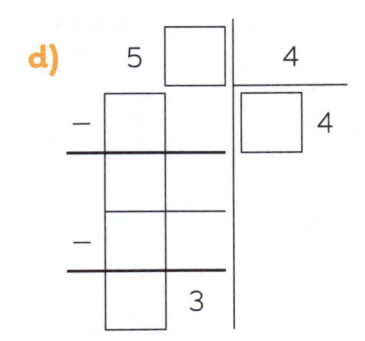

d)
```
 5 ☐ | 4
 − ☐ | ☐ 4
 ─────
 − ☐
 ─────
   3
```

e)
```
 2 5 ☐ | ☐
 − ☐ ☐ | 43
 ───────
 − ☐ ☐
 ───────
   0 0
```

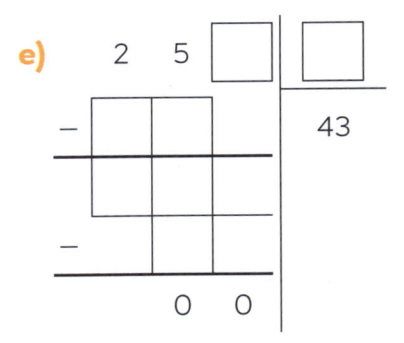

🧩 FAIXA DECORATIVA: VAMOS COMPLETAR?

Descubra uma regularidade para completar a faixa.

PESAGENS DE SÓLIDOS GEOMÉTRICOS

Observe com atenção as três pesagens feitas com os sólidos geométricos desenhados ao lado.

   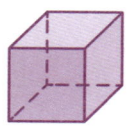

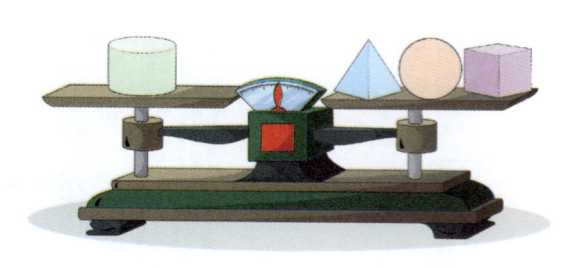 

◆ Considerando as três pesagens, circule o sólido mais pesado em cada item.

a)
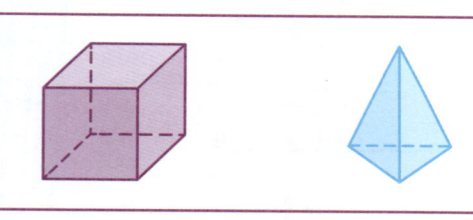

d)
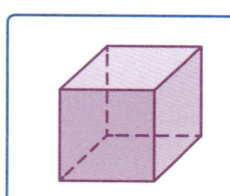 

b)
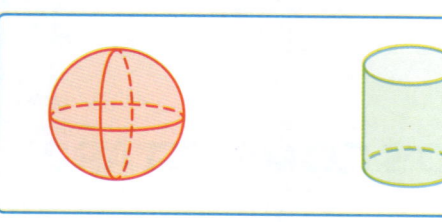

e)
 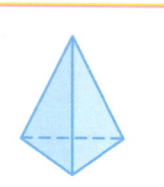

c)
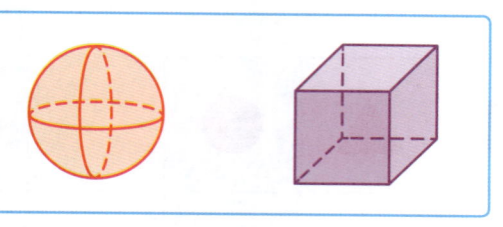

f)
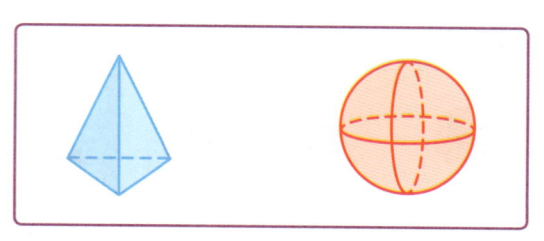

◆ Agora volte ao começo da página e coloque **X** no desenho do sólido "mais pesado" e • no desenho do "sólido mais leve" entre os quatro sólidos.

VERDADEIRA (V) OU FALSA (F)

Leia as 15 afirmações com atenção.

Coloque [V] nas verdadeiras e [F] nas falsas.

1 Toda esfera é um sólido geométrico. ☐

2 Todo sólido geométrico é uma esfera. ☐

3 Todo número natural ímpar termina em 7. ☐

4 Todo número natural que termina em 7 é ímpar. ☐

5 Existe número natural ímpar que termina em 6. ☐

6 Nenhum número natural ímpar termina em 6. ☐

7 Todo mês tem 31 dias. ☐

8 Nenhum mês tem 31 dias. ☐

9 Existe mês com menos de 30 dias. ☐

10 Existe mês com mais de 31 dias. ☐

11 Todo polígono de 3 lados é um triângulo. ☐

12 Todo polígono de 4 lados é um quadrado. ☐

13 Todo triângulo tem 3 lados. ☐

14 Todo quadrado é um polígono de 4 lados. ☐

15 Nenhum polígono tem menos do que 3 lados. ☐

O JOGO DA ADIÇÃO E DA SUBTRAÇÃO: QUEM GANHOU?

Beto e Marta disputaram esse jogo.
Em todas as rodadas, cada participante jogou um dado e fez o seguinte:

- ◆somou o valor obtido quando ele era par;
- ◆subtraiu o valor obtido quando ele era ímpar.

Veja os exemplos:

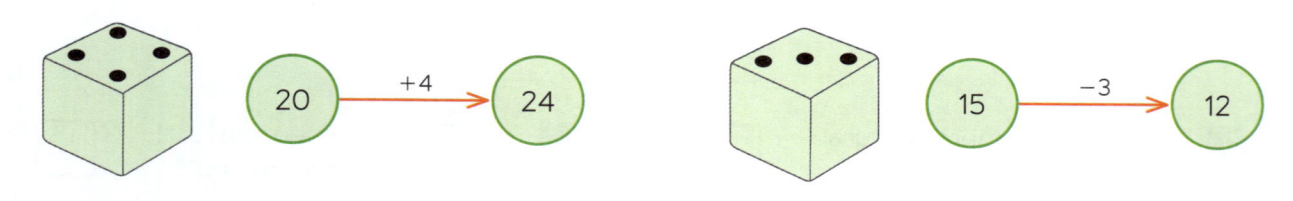

Venceu o jogo o participante que terminou a última rodada com mais pontos.
Beto e Marta começaram com 20 pontos e disputaram 3 rodadas.
Observe como caíram os dados em cada rodada.

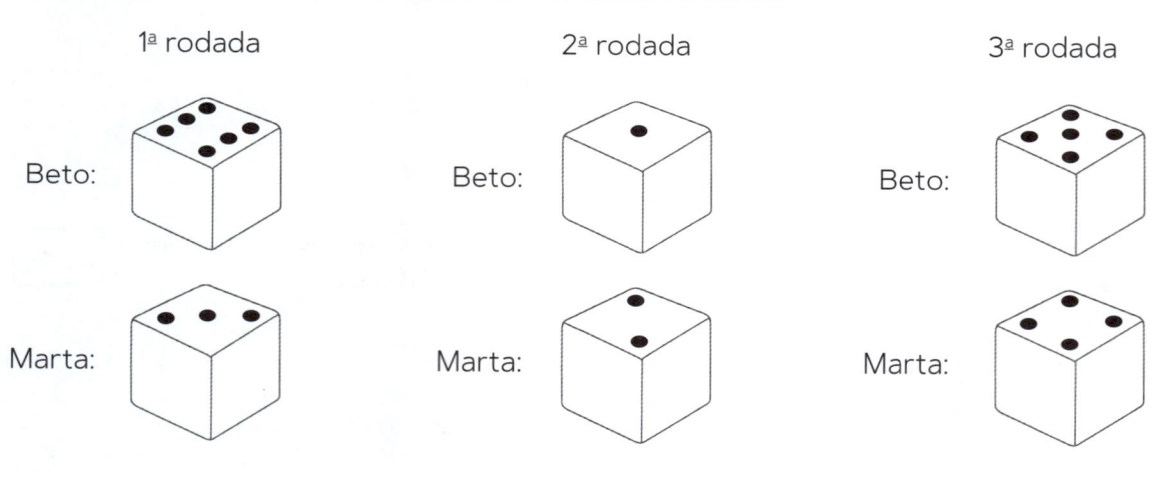

Registre a pontuação, rodada por rodada.

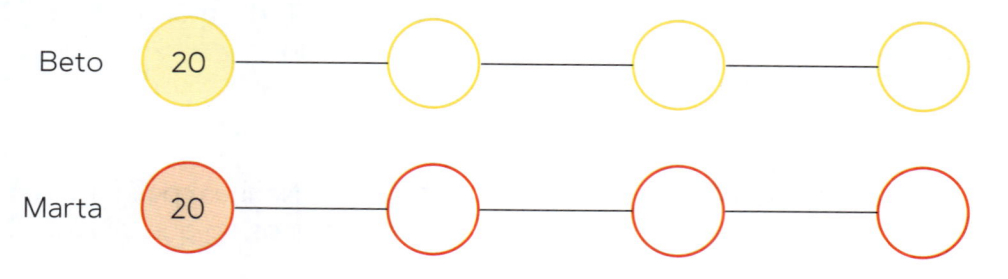

Escreva aqui o nome de quem venceu o jogo: _____

EM TODOS OS "LADOS" A MESMA SOMA

Descubra os números que faltam e escreva-os nas "bolinhas" das figuras.

Não se esqueça: em todos os "lados" das figuras, a soma dos números deve ser a mesma.

a)
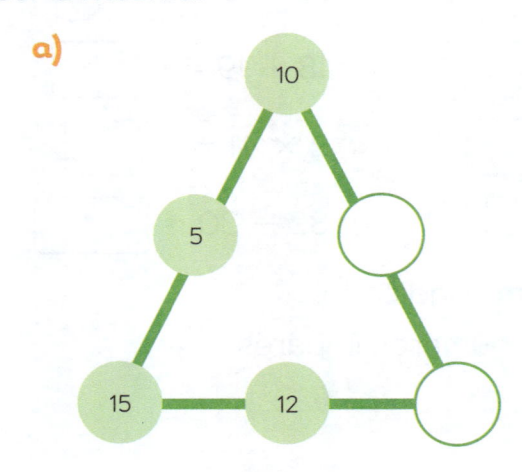

b)
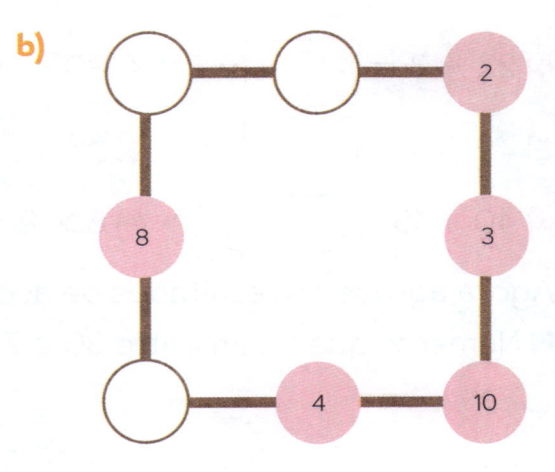

Coloque nas "bolinhas" os números naturais de 1 a 6, de modo que a soma em todos os "lados" seja 11.

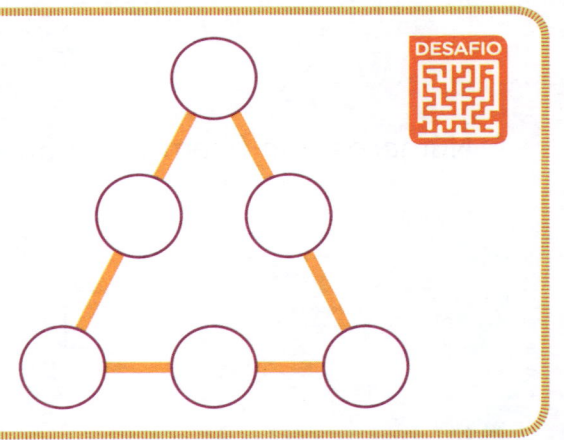

DESAFIO

SIMETRIA: VAMOS COMPLETAR?

Complete a figura para que haja simetria da letra em relação ao eixo traçado.

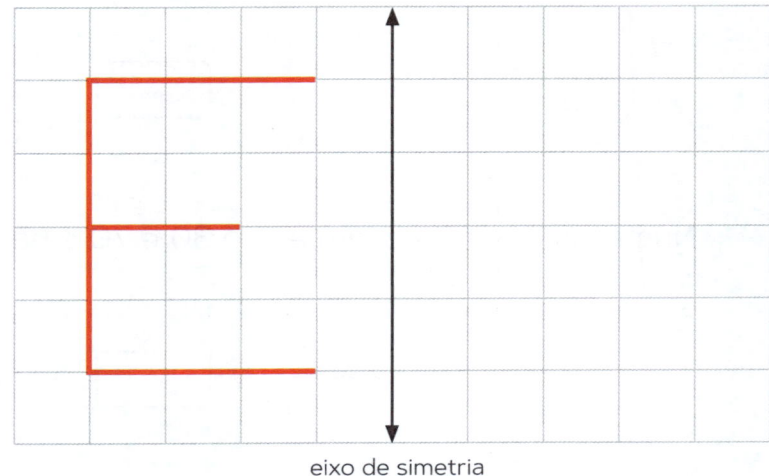

eixo de simetria

CÁLCULO MENTAL: EFETUAR AS OPERAÇÕES E AGRUPAR OS RESULTADOS

◆ Efetue os cálculos mentalmente e registre os resultados nos ☐.

a) 2 × 20 = ☐   **e)** 80 − 19 = ☐   **i)** 35 ÷ 5 = ☐

b) 22 − 3 = ☐   **f)** 90 ÷ 3 = ☐   **j)** 18 + 19 = ☐

c) 24 ÷ 3 = ☐   **g)** 69 + 2 = ☐   **k)** 2 × 41 = ☐

d) 40 + 15 = ☐   **h)** 8 × 8 = ☐   **l)** 82 − 30 = ☐

◆ Agora agrupe os resultados de acordo com o indicado.

◉ Números que ficam entre 30 e 70 e são números ímpares.

◉ Números que ficam entre 30 e 70, mas não são ímpares.

◉ Números que são ímpares, mas não ficam entre 30 e 70.

◉ Números que não ficam entre 30 e 70 e não são ímpares.

 **CAÇA AOS INTRUSOS**

 TESTE SUA ATENÇÃO

Em cada item, assinale o intruso de acordo com a orientação.

a) Intruso: sólido que não tem 6 faces.

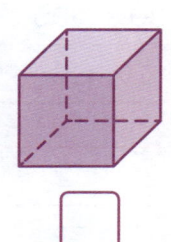 ☐ 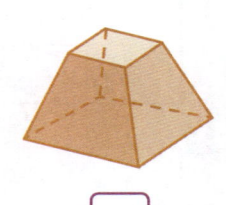 ☐ 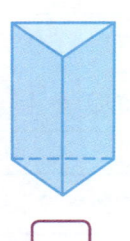 ☐ 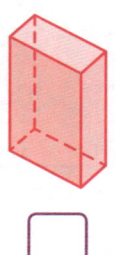 ☐

b) Intruso: a operação cujo resultado não tem o 6 como algarismo das dezenas.

$$\begin{array}{r} 2\ \ 5\ \ 1 \\ +\ 3\ \ 1\ \ 8 \\ \hline \end{array}$$ ☐

$$\begin{array}{r} 5\ \ 8\ \ 7 \\ -\ 1\ \ 2\ \ 2 \\ \hline \end{array}$$ ☐

$$\begin{array}{r} 2\ \ 1\ \ 5 \\ \times\ \ \ \ \ \ 3 \\ \hline \end{array}$$ ☐

$$\begin{array}{r|l} 7\ 3\ 4 & 2 \\ \hline \end{array}$$ ☐

c) Intrusa: a linha que não tem medida de comprimento igual a 4 cm.

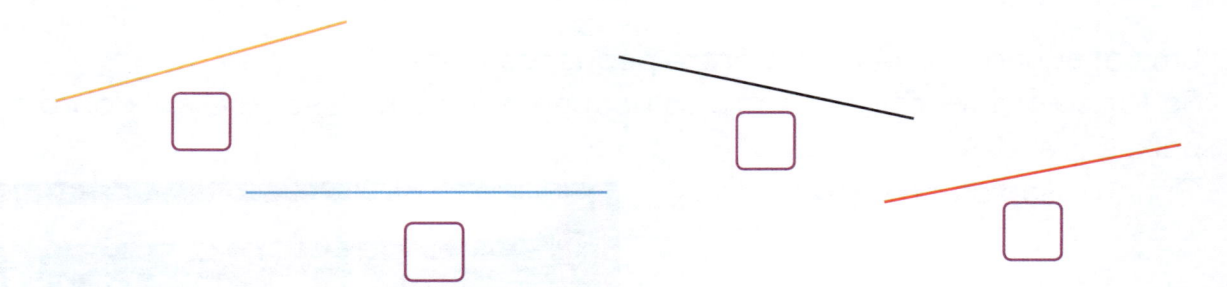

☐ ☐ ☐

d) Intrusa: a fração que não indica a metade.

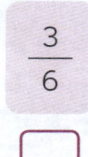 $\dfrac{3}{6}$ ☐

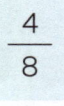 $\dfrac{4}{8}$ ☐

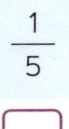 $\dfrac{1}{5}$ ☐

 $\dfrac{1}{2}$ ☐

CÁLCULO MENTAL: CAÇA ÀS OPERAÇÕES

Em cada item, pinte os dois quadrinhos que têm operações de mesmo resultado.

Faça os cálculos mentalmente.

a)

500 − 200	20 × 20
300 + 100	800 ÷ 4

c)

16 000 ÷ 100	800 + 900
2 000 − 400	16 × 100

b)

6 × 7	38 + 3
43 − 4	82 ÷ 2

d)

138 − 29	218 ÷ 2
2 × 54	60 + 59

e)

1200 ÷ 20	7 × 8	28 + 29
61 − 5	53 + 12	1000 ÷ 20

De todas as operações efetuadas acima, indique abaixo a de resultado maior:

_____

DESCUBRA E RESPONDA!

Em um aquário há 14 peixes entre pequenos e grandes.

Se for colocado mais um entre os pequenos, o total destes será o dobro dos peixes grandes.

Quantos são os peixes pequenos?

_____

E quantos são os peixes grandes?

_____

Dobermaraner/Shutterstock.com

OLIMPÍADAS DE 2016. QUEM FOI O CAMPEÃO NO FUTEBOL MASCULINO?

Os **jogos semifinais** de futebol masculino das Olimpíadas disputadas no Brasil em 2016 foram:

| BRASIL e HONDURAS | NIGÉRIA e ALEMANHA |

Antes da realização desses jogos, eram 4 as possibilidades de confronto para o jogo final, pela disputa do título. Escreva as 4 possibilidades.

_____ e _____

_____ e _____

_____ e _____

_____ e _____

Qual foi o jogo final? Quem foi o campeão? Qual foi a classificação dos 4 finalistas? Complete as informações abaixo. Se não souber, pesquise para responder.

a) O jogo final foi entre _____ e _____.

b) O campeão foi _____ e a classificação final ficou foi:

◉ 1º _____   ◉ 3º _____

◉ 2º _____   ◉ 4º _____

ANALOGIA: FAZER E REGISTRAR

◆ O navio está para o mar assim como o carro está para a _____ e o avião está para o _____.

◆ O que 1 quilômetro é em relação a 1000 metros, 1 tonelada é em relação a 1000 _____.

REDUÇÃO E AMPLIAÇÃO

Observe a figura que Marcela desenhou e pintou:

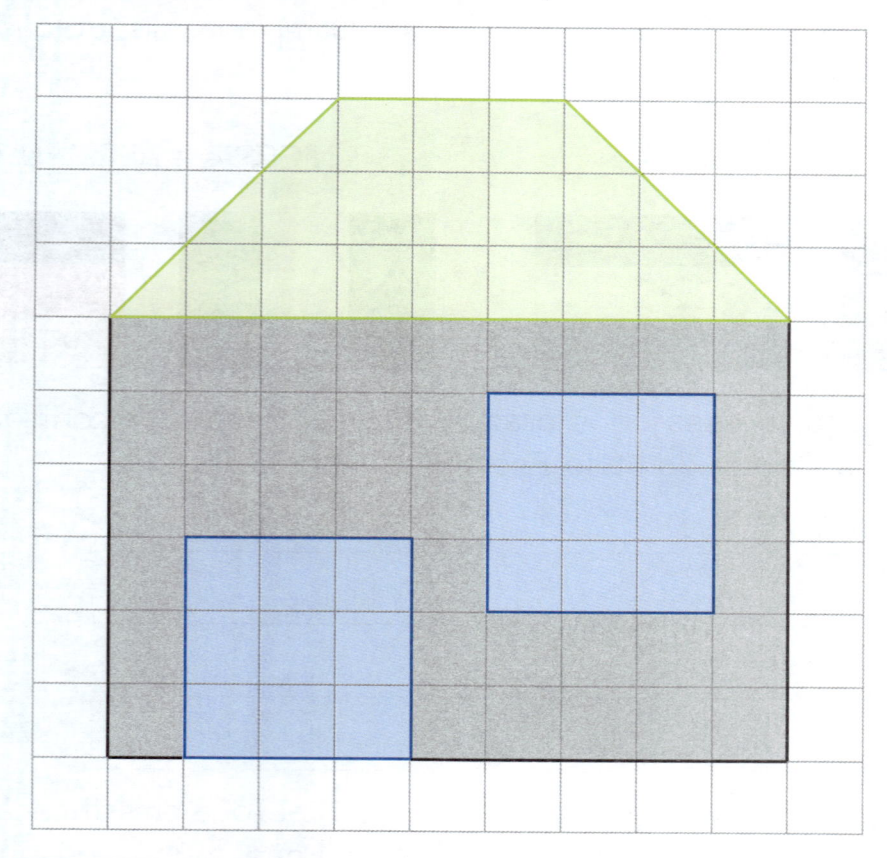

a) Redução da figura de Marcela

Desenhe a figura reduzindo a medida do comprimento das linhas a $\frac{2}{3}$ da original.

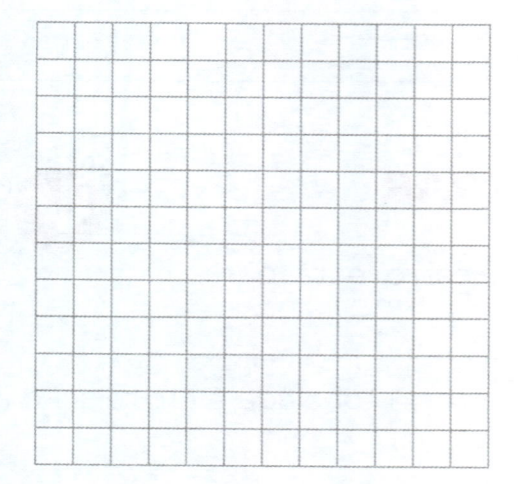

b) Ampliação da figura do item **a**

Desenhe a figura ampliando a medida do comprimento das linhas ao dobro.

QUEM SOU EU?
MEDIDA DE CAPACIDADE E FRAÇÃO

Observe as vasilhas e suas medidas de capacidade.
Indique na frase a letra da vasilha citada considerando a medida de cada uma.

A — 8 L
B — 10 L
C — 6 L
D — 12 L
E — 14 L
F — 18 L

a) A minha capacidade corresponde a $\dfrac{2}{3}$ da vasilha **D**. Sou a vasilha _____.

b) A minha capacidade corresponde a $\dfrac{1}{3}$ de uma das outras vasilhas. Sou a

vasilha _____.

c) A capacidade da vasilha **C** é $\dfrac{3}{7}$ da minha. Sou a vasilha _____.

d) Juntando $\dfrac{4}{5}$ da capacidade da **B** com $\dfrac{5}{6}$ da **D**, obtenho a minha medida

de capacidade. Sou a vasilha _____.

🚩 DESCUBRA E RESPONDA!

Qual é o "peso" de um queijo se ele pesa 200 g

a mais do que sua metade? _____

Tatiana Popova/
Shutterstock.com

João P. Mazzoco

É HORA DE CÁLCULO MENTAL

1. Observe a adição indicada no quadro abaixo:

$$78 + 47 = 125$$

Com base nela, calcule mentalmente e registre a soma de cada adição a seguir.

a) 88 + 47 = _____

e) 278 + 147 = _____

b) 78 + 37 = _____

f) 68 + 57 = _____

c) 88 + 57 = _____

g) 77 + 46 = _____

d) 80 + 47 = _____

h) 47 + 78 = _____

2. Agora observe a subtração:

$$85 - 16 = 69$$

Com base nela, calcule mentalmente e registre a diferença em cada item a seguir.

a) 185 − 16 = _____

e) 485 − 416 = _____

b) 85 − 17 = _____

f) 87 − 16 = _____

c) 88 − 19 = _____

g) 85 − 26 = _____

d) 385 − 116 = _____

h) 185 − 18 = _____

3. Complete mais estes itens, sempre calculando mentalmente.

a) Se 587 + 325 = 912 , então 487 + 125 = _____.

b) Se 1246 − 877 = 369 , então 1246 − 977 = _____.

c) Se 2007 − 1249 = 758 , então 758 + 1249 = _____.

d) Se 37 + 49 + 23 = 109 , então 35 + 49 + 24 = _____.

VAMOS TERMINAR DE PINTAR O PAINEL DE PEDRINHO?

Pedrinho está pintando um painel retangular que será formado só por quadrinhos coloridos de 🟢, 🔵 e 🟡.

- O número de quadrinhos 🟢 deve ser $\dfrac{1}{3}$ do número total de quadrinhos.
- O número de quadrinhos 🟡 deve ser $\dfrac{1}{2}$ do número de quadrinhos 🔵.

- É hora de conferir! Complete as informações.

- ⊙ _____ quadrinhos no total
- ⊙ _____ quadrinhos 🔵
- ⊙ _____ quadrinhos 🟢
- ⊙ _____ quadrinhos 🟡
- ⊙ $\dfrac{1}{3}$ de _____ = _____
- ⊙ $\dfrac{1}{2}$ de _____ = _____

SEQUÊNCIA: VAMOS COMPLETAR?

Descubra a regularidade para completar a sequência.

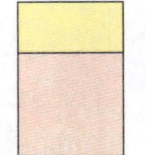 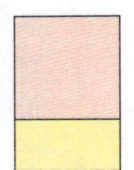 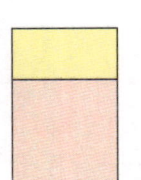 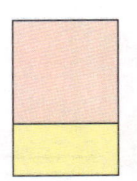 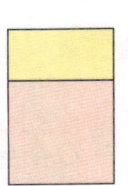 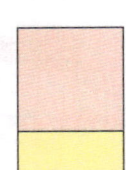 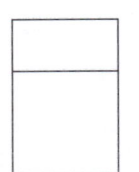 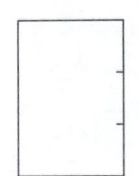

CÁLCULO MENTAL COM NÚMEROS DECIMAIS

Observe como as crianças pensaram e complete os cálculos:

a) 13,5 + 0,4

> BASTA AUMENTAR 4 DÉCIMOS EM 13,5.

13,5 + 0,4 = _____

b) 25,4 − 1,3

> BASTA TIRAR 1 UNIDADE DE 5 UNIDADES E TIRAR 3 DÉCIMOS DE 4 DÉCIMOS.

25,4 − 1,3 = _____

c) 1 − 0,4

> COMO 1 UNIDADE CORRESPONDE A 10 DÉCIMOS, TIRO 4 DÉCIMOS DE 10 DÉCIMOS.

1 − 0,4 = _____

d) 3,2 + 4,5

SOMO 3 UNIDADES COM 4 UNIDADES E SOMO 2 DÉCIMOS COM 5 DÉCIMOS.

3,2 + 4,5 = _____

Agora você descobre um caminho, calcula mentalmente e registra o resultado.

e) 6,3 + 2 = _____

f) 6,3 + 0,2 = _____

g) 5,7 + 3,2 = _____

h) 7,8 − 4 = _____

i) 7,8 − 0,4 = _____

j) 9,6 − 1,2 = _____

k) 2 + 0,3 = _____

l) 5 + 8,1 = _____

m) 3 − 0,5 = _____

n) 4,2 + 3,6 = _____

o) A medida de comprimento de uma pista é 1,2 km. Se Juca der 3 voltas nessa pista, ele vai percorrer _____ km.

⚑ MEDIDA DE CAPACIDADE: O USO DAS VASILHAS

Observe as vasilhas e suas medidas de capacidade.

A 2L B 3L C 5L D 7L

Complete as frases considerando que as vasilhas estavam todas vazias antes do procedimento de cada item.

a) João encheu a vasilha **D** de água e despejou em **B** até esta ficar cheia.

Então, a vasilha **D** ficou com _____ L de água.

b) Rute encheu a vasilha **B** e despejou em **C**.

Depois encheu novamente **B** e despejou em **C** até esta ficar cheia.

Então, **B** ficou com _____ L de água.

c) Mara encheu a vasilha **D** e despejou em **C** até esta ficar cheia.

Depois encheu a vasilha **A** e despejou em **D**.

Então, **D** ficou com _____ L de água.

d) Paulo encheu a vasilha **A** duas vezes e despejou na **C**.

Depois, encheu a vasilha **D** e despejou na **C** até esta ficar cheia.

Então, a vasilha **D** ficou com _____ L de água.

⚑ DESCUBRA E RESPONDA!

Um micro-ônibus pode transportar 10 adultos ou 20 crianças. Se 7 adultos já estão no micro-ônibus, quantas crianças podem embarcar, no máximo?

_____ crianças

QUEM SOU EU?
REGIÕES PLANAS SIMÉTRICAS
E ASSIMÉTRICAS

Veja duas regiões planas obtidas pela composição de uma região retangular e uma região triangular:

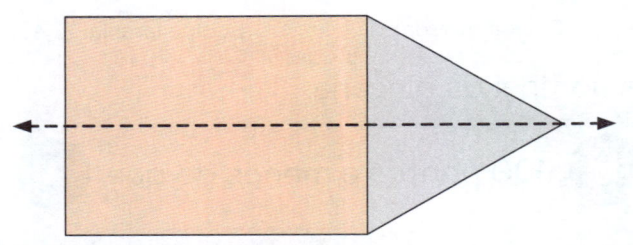

Esta é simétrica, ou seja, apresenta simetria. Veja o eixo tracejado.

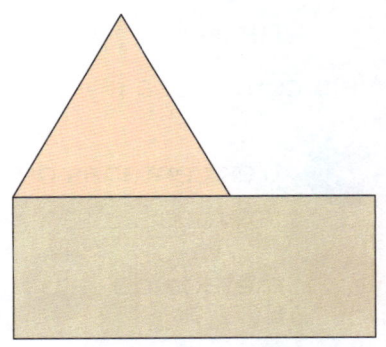

Esta é assimétrica, ou seja, não apresenta simetria.

Observe agora as regiões planas **A**, **B**, **C** e **D**, compostas de duas regiões de cores diferentes.

🔹 Trace os eixos de simetria nas regiões que são simétricas.

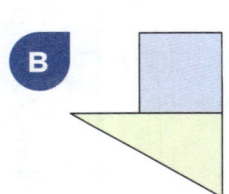
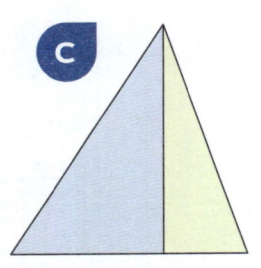
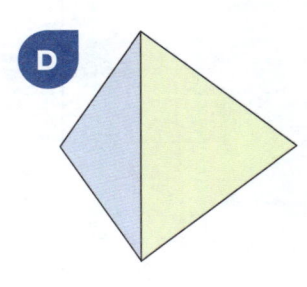

🔹 Quem sou eu?
Indique a letra correspondente à região citada.

a) Sou composta de duas regiões triangulares e sou simétrica.

Sou a região ⬚.

b) Sou composta de uma região quadrada e uma triangular e sou assimétrica.

Sou a região ⬚.

A GINCANA DAS CORES
NA ESCOLA DE NANDO

Quatro equipes participaram dessa gincana:

A — Equipe azul   **V** — Equipe vermelha   **M** — Equipe marrom   **L** — Equipe laranja

Veja como foi a pontuação das equipes ao final da gincana:

A : três centenas de pontos

M : 100 pontos a menos do que **A**

V : metade de **A**

L : 150 pontos a mais que do **M**

Complete o gráfico indicativo dessas pontuações pintando e colocando o símbolo da equipe em cada barra.

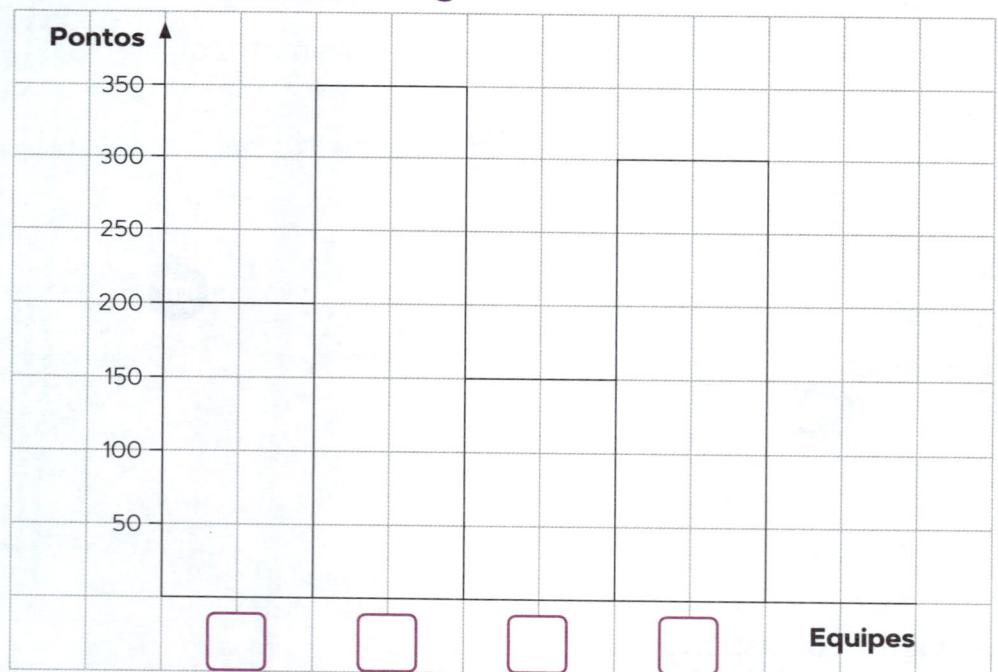

Pontos na gincana das cores

A equipe com mais pontos venceu a gincana. Complete a classificação final colocando o símbolo das equipes.

◆ 1º lugar (campeã): ☐   ◆ 3º lugar: ☐

◆ 2º lugar (vice-campeã): ☐   ◆ 4º lugar: ☐

TESTE SUA ATENÇÃO!
QUE NÚMERO SOU EU?

Em cada item, circule o número citado entre os que aparecem no quadro.

a) Sou um número natural de 4 ordens, com o 3 sendo o algarismo das centenas.

2 234	7 396
15 308	
351	325,2

b) Sou um número natural que arredondado para a unidade de milhar mais próxima dá 247 000.

245 873	246 770
246 185	
2 406 832	236 987

c) Sou um número natural ímpar de apenas duas classes.

26 475	427 914
29	
1 796 011	184

d) Sou o número natural que pode ser escrito como 4,5 mil.

450	4 500 000
4 500	
45 000	450 000

DESCUBRA E COMPLETE!

Em um saquinho há duas moedas de 5 centavos, duas moedas de 10 centavos e uma moeda de 25 centavos.

Retirando três delas ao acaso, a quantia mínima que podemos obter é _____ centavos, e a quantia máxima é _____ centavos.

 # VOCABULÁRIO MATEMÁTICO

◆ Com as letras dos quadros coloridos forme 8 palavras relacionadas à Matemática.

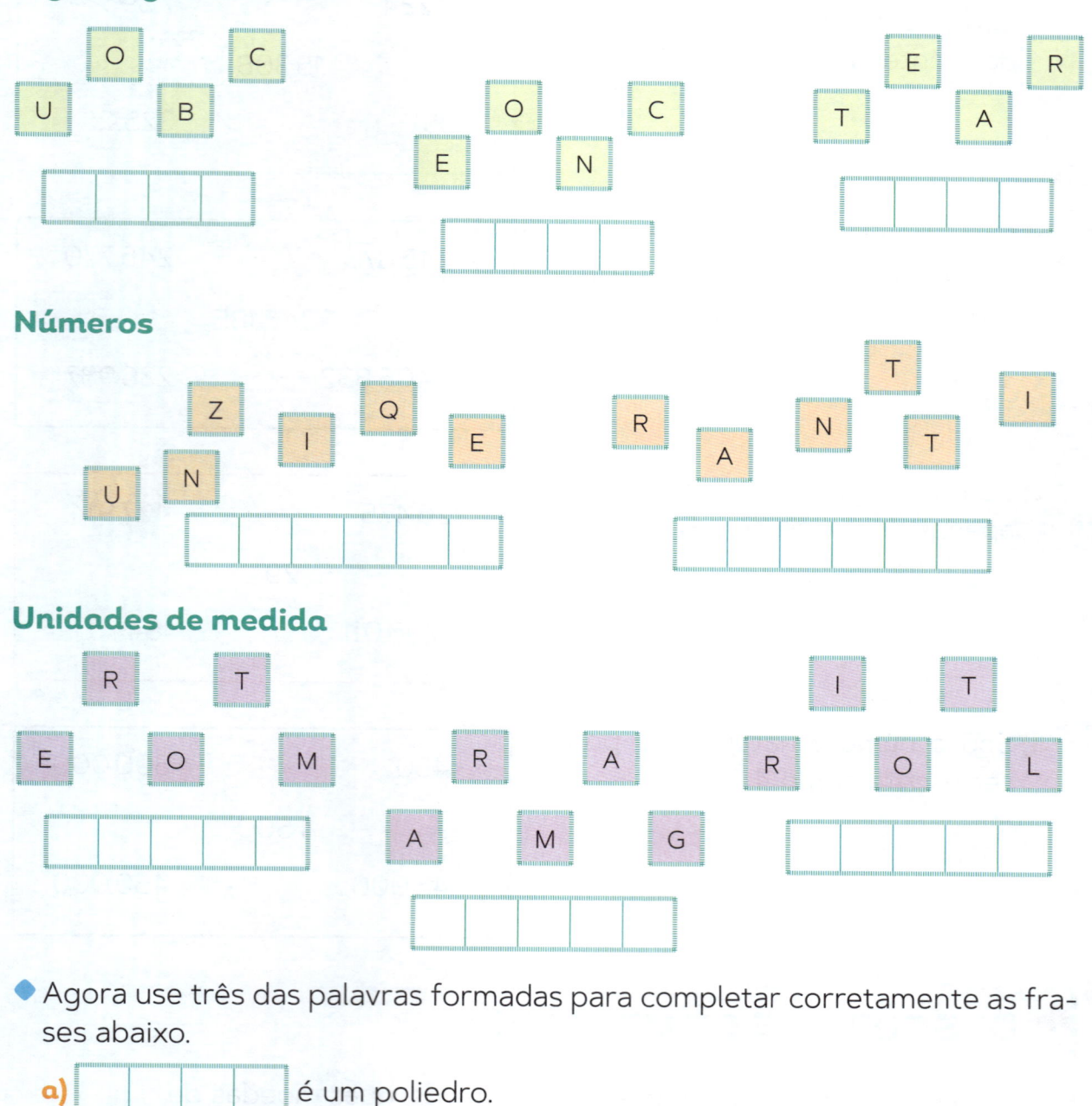

Figuras geométricas

Figura 1 letras: O, C, U, B →

Figura 2 letras: O, C, E, N →

Figura 3 letras: E, R, T, A →

Números

Letras: Z, I, Q, E, U, N →

Letras: R, A, N, T, T, I →

Unidades de medida

Letras: R, T, E, O, M →

Letras: R, A, A, M, G →

Letras: I, T, R, O, L →

◆ Agora use três das palavras formadas para completar corretamente as frases abaixo.

a) _____ é um poliedro.

b) _____ é um número ímpar.

c) _____ é uma unidade de medida de capacidade.

CÓDIGO E MEDIDA DE TEMPO

Código

1	2	3	4	5	6	7	8	9	10	11	12	13	14	15	16
A	C	D	E	É	H	I	L	M	N	O	R	S	T	U	Z

Decifre o código e descubra as letras ou os números que faltam para determinar algumas relações entre unidades de medida de tempo.

a)

6	11	12	1

↔

13	4	13	13	4	10	14	1

9	7	10	15	14	11	13

b)

13	4	9	1	10	1

↔

13	4	14	4

3			

c)

1	10	11

↔

9	4	13	4	13

d)

13	5	2	15	8	11

↔

1	10

65

DATAS DE NASCIMENTO

Observe a data de nascimento de seis pessoas e responda às questões.

Rosa
2/7/2010

Raul
11/4/2005

Marta
14/8/2013

Lia
21/4/2005

Paulo
15/1/1985

Beto
26/8/2010

Ann Precious/Shutterstock.com

a) Qual dessas pessoas é a mais nova? _____

Qual é a mais velha? _____

b) Quem nasceu primeiro, Lia ou Raul? _____

c) Quem nasceu no mesmo mês, mas em anos diferentes?

_____ e _____ .

d) Quem nasceu no mês de julho? _____

e) Quem nasceu no mesmo ano, mas em meses diferentes?

_____ e _____ .

f) Em que dia Raul completou 6 anos? _____

g) Quantos anos Marta vai completar em 14/8/2030? _____

CADA LETRA, UM ALGARISMO. LETRAS DIFERENTES, ALGARISMOS DIFERENTES.

Descubra o algarismo correspondente a cada letra analisando as operações com números de um algarismo.

- ◆ Se A + A = B e A × A = B, então **A** = _____ e **B** = _____.

- ◆ Se C = A + B, então **C** = _____.

- ◆ Se D = C − C e E = C ÷ C, então **D** = _____ e **E** = _____.

- ◆ Se F = A × B, então **F** = _____.   ◆ Se I = G × G, então **I** = _____.

- ◆ Se G = C ÷ A, então **G** = _____.   ◆ Se J = F − G, então **J** = _____.

- ◆ Se H = B + G, então **H** = _____.

- ◆ Agora registre no quadro o algarismo correspondente a cada letra.

A	B	C	D	E	F	G	H	I	J

- ◆ JG, AI, JE e IC indicam os resultados das quatro operações abaixo. Faça os cálculos necessários e coloque cada um no lugar correto.

| GI + EA = _____ | CF − EJ = _____ | A × BF = _____ | FH ÷ G = _____ |

ANALOGIA: FAZER E REGISTRAR

- ◆ A Proclamação da Independência do Brasil está para setembro como a Proclamação da República do Brasil está para _____.

- ◆ 7 m está para medida de comprimento como 7 h está para medida de intervalo de tempo, 7 g para medida de _____ e 7 L para medida de _____.

🧩 EXISTE OU NÃO EXISTE?

Escreva **E** quando existir o que é citado e **N** quando não existir o que é citado.

No caso de existir, dê um exemplo.

a) Número natural ímpar que termina em 8 ☐.

b) Poliedro com exatamente 3 vértices ☐.

c) Mês do ano com 31 dias ☐.

d) Número natural maior do que 1 000 000 000 ☐.

e) Pirâmide com o número de faces diferente do número de vértices ☐.

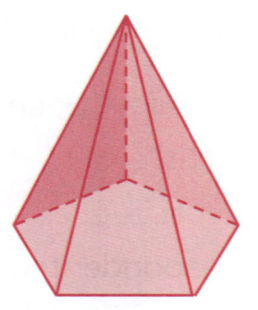
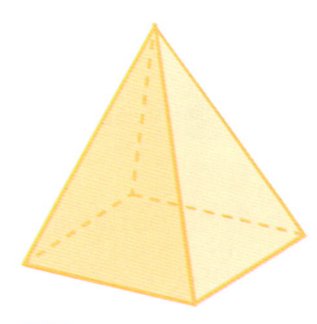

f) Número natural entre 1873 e 1874 ☐.

g) Fração com o numerador maior do que o denominador ☐.

h) Mês do ano com 33 dias ☐.

i) Polígono de 8 lados que tem 9 vértices ☐.

j) Número decimal entre 4 e 5 ☐.

k) Divisor de 30 que é número ímpar ☐.

l) Múltiplo de 30 que é número ímpar ☐.

🧩 SEQUÊNCIA: VAMOS COMPLETAR?

Descubra a regularidade para completar a sequência.

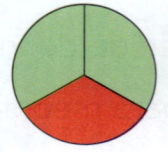
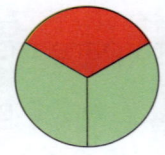
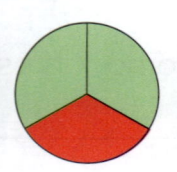
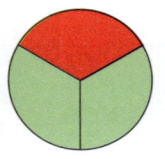
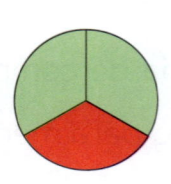
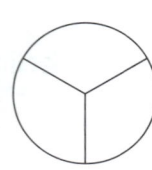
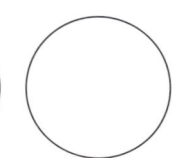

▶ CÁLCULO MENTAL EM SITUAÇÕES-PROBLEMA

Calcule mentalmente e complete as frases.

a) Das 358 poltronas de um cinema, foram ocupadas 297 em uma sessão.

Ficaram vazias _____ poltronas.

b) Com as notas reproduzidas abaixo temos a quantia total de _____ reais.

Imagens: Banco Central do Brasil

c) Ivete colocou 3,5 kg de feijão em uma vasilha e 2 kg de feijão em outra.

A primeira vasilha tem _____ kg de feijão a mais do que a segunda.

d) Mário deu $\dfrac{1}{2}$ de um tablete de chocolate para seu irmão e $\dfrac{1}{4}$ do tablete para sua irmã.

Então, Mário ainda ficou com _____ do tablete.

Darfon/ Shutterstock.com

e) Um carro já percorreu 975 km de um percurso de 1000 km.

Para completar o percurso faltam _____ km.

f) O tempo de 2 horas e 10 minutos corresponde a _____ minutos.

❖ FAIXA DECORATIVA: VAMOS COMPLETAR?

Descubra a regularidade para completar a faixa.

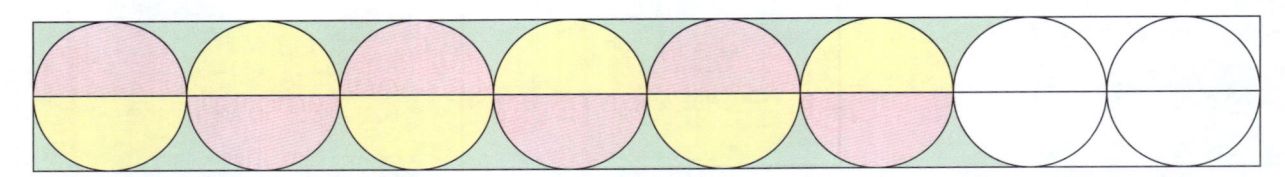

COMPOSIÇÃO DE REGIÕES PLANAS

Veja a composição que Marília fez.

Com a região verde e a região laranja, ela compôs uma região quadrada.

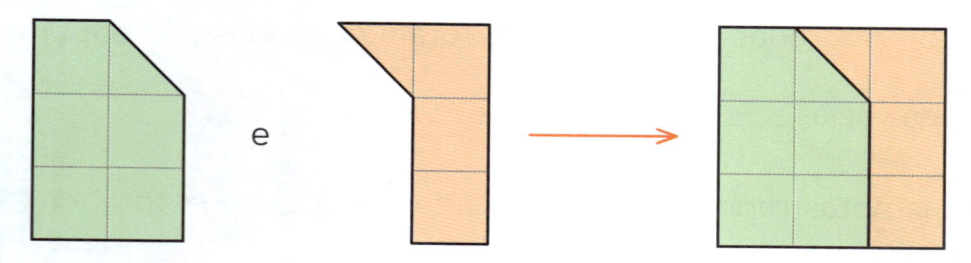

Observe agora as formas e as cores destas seis regiões planas.

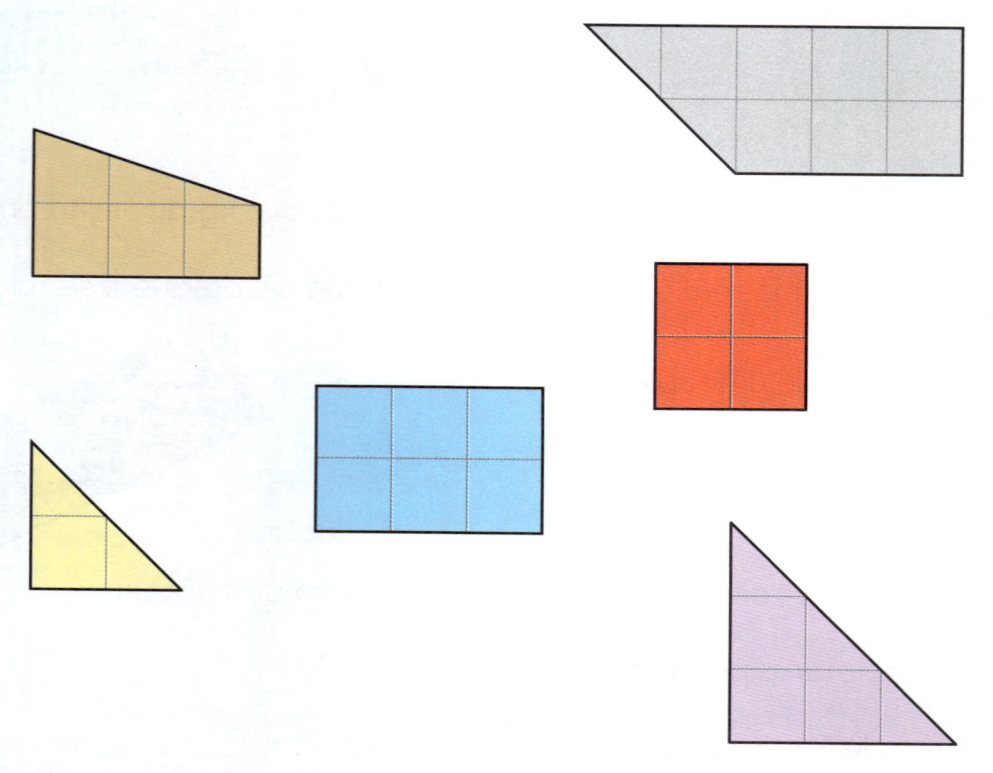

Use quatro delas para compor a região retangular cujo contorno está desenhado abaixo. Faça as divisões e pinte cada parte com a cor correspondente.

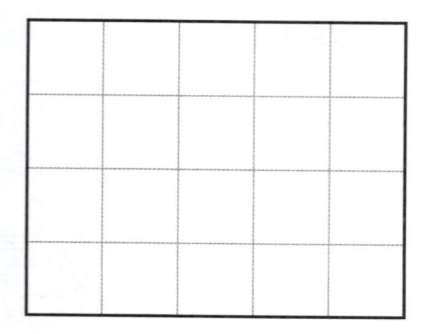

O GRÁFICO DA TABELA E A TABELA DO GRÁFICO

a) Na turma de Paulinho foi feita uma votação sobre o animal de estimação favorito dos alunos. Complete o gráfico com os dados da tabela.

Animais de estimação favoritos

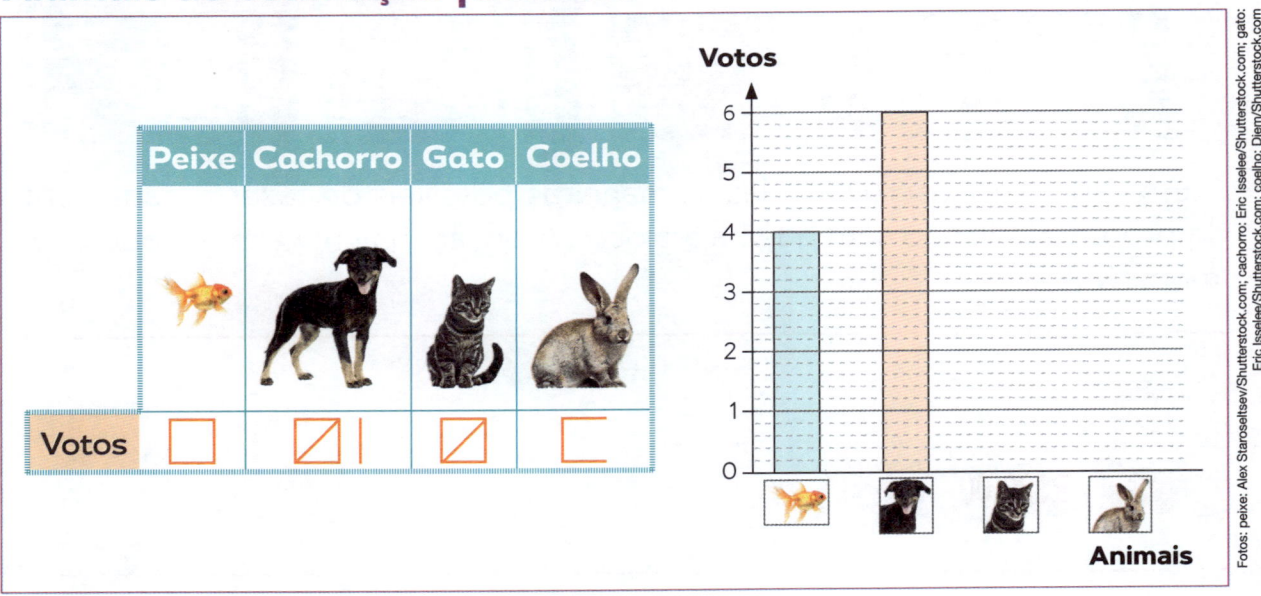

b) Agora a pesquisa na turma de Paulinho foi sobre a fruta favorita, entre pera, maçã, laranja e abacaxi. Complete a tabela com os dados do gráfico.

Frutas favoritas

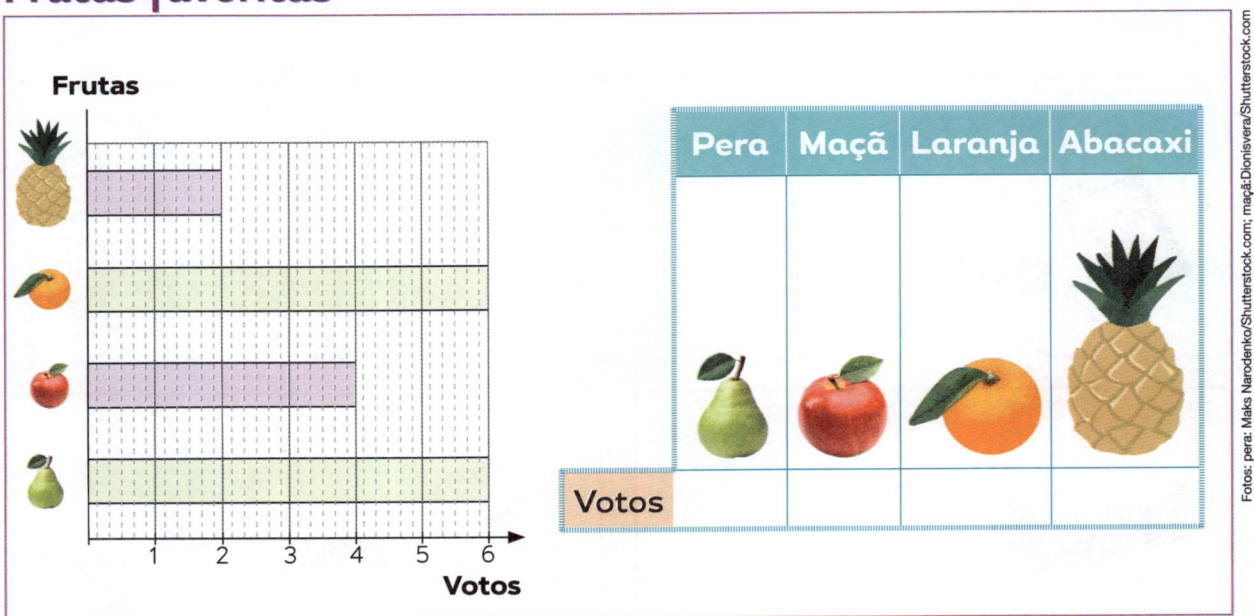

POSSIBILIDADE DE PAGAMENTO

Veja as notas que você poderá usar nas compras:

Em cada item, escreva todas as maneiras possíveis de fazer o pagamento do produto indicado sem que haja troco. Atenção: há um caso em que isso é impossível.

R$30,00

R$27,00

R$39,00

R$19,00

R$46,00

► É HORA DE COMPLETAR

Leia cada frase com atenção e complete-a corretamente.

a) O número _____ é ímpar e fica entre 299 e 303.

b) Os sólidos geométricos desenhados ao lado têm o

mesmo número de _____.

c) A adição 138 + 103 e a divisão _____ ÷ 3 têm resultados iguais.

d) $\dfrac{2}{3}$ de 12 = _____ de 16

e) A medida do perímetro do retângulo desenhado ao lado

é _____ cm.

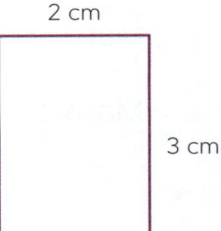

2 cm

3 cm

f) A multiplicação _____ × _____ = _____ tem parcelas
iguais e, como produto, o menor número natural de 3 algarismos.

g) O horário de 14 h e 35 min acontece 2 h e 20 min depois de _____ h e
_____ min.

h) 36 é o dobro de _____, assim como _____ é o dobro de 36.

Cálculos

PARA CADA MEDIDA, DUAS REPRESENTAÇÕES

Veja algumas unidades de medida nos quadros abaixo.

Centímetro   Milímetro   Minuto   Grama   Litro   Real

Em cada item a seguir, é citada uma medida em determinada unidade. Reescreva a frase usando a unidade mais conveniente entre as relacionadas nos quadros para indicar a mesma medida.

a) Mara comprou meio quilograma de queijo.

Mara comprou _____ de queijo.

b) A árvore mede 3 metros de altura.

A árvore mede _____ de altura.

c) Paulo desenhou um quadrado com lados de 1,5 centímetro.

Paulo _____.

d) Ana juntou suas moedas e o total foi de 200 centavos.

_____

_____

_____

Imagens: Banco Central do Brasil

e) A medida de capacidade da vasilha que Rafael comprou é igual a 2 000 mililitros.

_____

_____

NUNCA; SEMPRE; ÀS VEZES SIM E ÀS VEZES NÃO

Com base na afirmação dada, escolha e escreva a expressão acima correspondente. No caso de "às vezes sim e às vezes não", dê um exemplo para cada situação.

a) Um número natural par termina em 8.

_____

b) Um número natural par termina em 5.

_____

c) Um número natural que termina em 8 é par.

_____

d) A divisão de um número natural terminado em 6 por 3 é divisão exata.

_____

e) A soma de dois números naturais de 3 algarismos é um número natural de 3 algarismos.

_____

f) O produto de dois números naturais ímpares é um número ímpar.

_____

g) A soma de dois números naturais ímpares é um número ímpar.

_____

PROPORCIONALIDADE E CÁLCULO MENTAL

Analise o exemplo com atenção.

> Com 200 g de farinha, são feitos 3 bolos.
> Logo, com 600 g de farinha, são feitos 9 bolos.

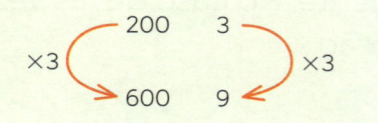

Agora é sua vez. Faça os cálculos mentalmente e complete a frase.

O preço de 4 bombons é 14 reais.
Então, o preço de 8 bombons é

R$ _____ .

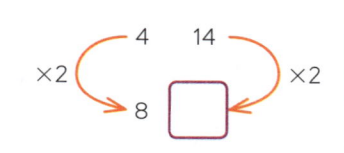

Dando 6 voltas na praça, Lucas percorre 800 m.
Dando 3 voltas na praça, Lucas percorre _____ m.

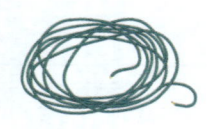

Um rolo com 200 m de fio pesa 3 kg.
Um rolo com 800 m de fio pesa _____ kg.

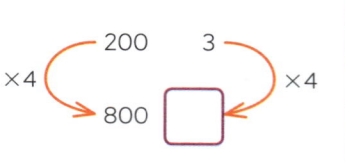

Para percorrer 40 km, um carro gasta 30 minutos.
Com a mesma velocidade, para percorrer 120 km ele gasta _____ min.

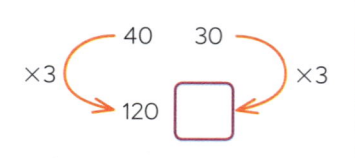

Para fazer 3 litros de suco, são usadas 8 laranjas.
Para fazer 1,5 litro de suco, são usadas _____ laranjas.

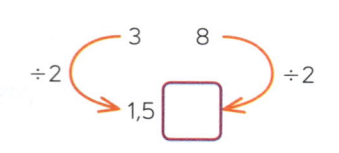

MEDIDAS DE PERÍMETRO E MEDIDAS DE ÁREA: CÁLCULO E COMPARAÇÕES

Observe as regiões planas identificadas por I, II, III e IV, desenhadas em quadriculado de 1 cm.

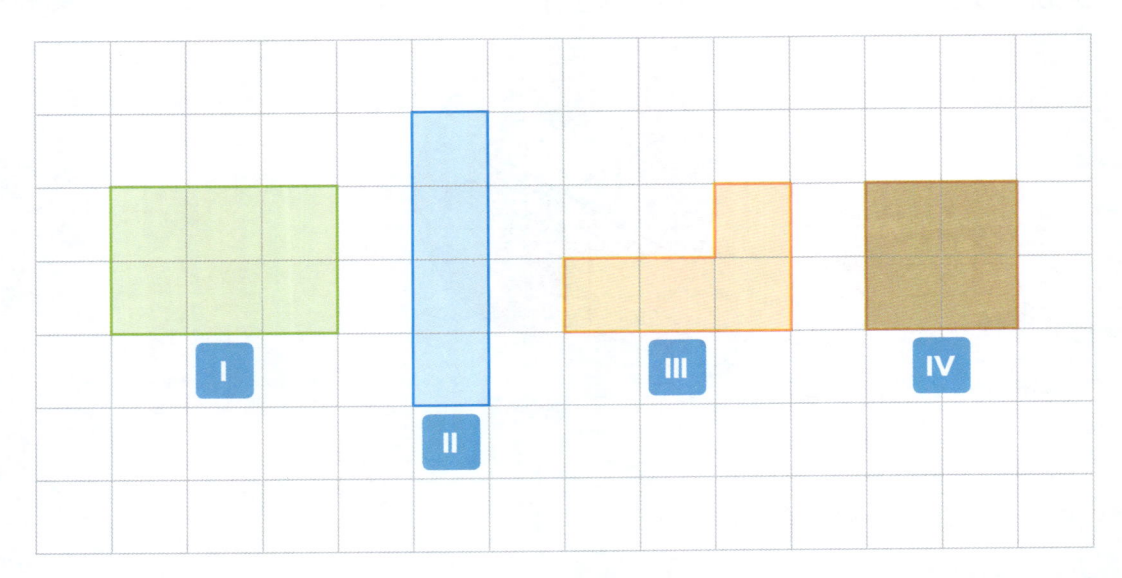

Complete a tabela ao lado com as medidas de perímetro (em cm) e as medidas de área (em cm²) das regiões planas.

Regiões planas	Medidas de perímetro	Medidas de área
I		
II		
III		
IV		

Agora, complete as frases comparando as medidas.

a) _____ e _____ têm medidas de perímetro iguais e de área iguais.

b) I e II têm medidas de perímetro _____ e de área _____.

c) II e IV têm medidas de perímetro _____ e de área _____.

d) _____ e _____ têm medidas de perímetro diferentes e de área diferentes.

e) I e III têm medidas de perímetro _____ e de área _____.

É CERTO, É IMPOSSÍVEL, É POUCO PROVÁVEL OU É BASTANTE PROVÁVEL

Complete sempre com a alternativa acima mais conveniente.

a) Quando giramos um clipe na roleta abaixo, ele:

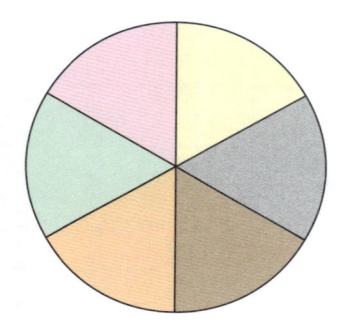

- ◉ cair na cor azul é

  _____.

- ◉ cair na cor verde é

  _____.

b) Quando sorteamos um número entre estes escritos nos quadrinhos:

| 37 | 59 | 73 | 54 | 11 | 37 |

- ◉ sair um número menor do que 80 é _____.

- ◉ sair um número ímpar é _____.

- ◉ sair um número maior do que 70 é _____.

- ◉ sair um número que termina em 8 é _____.

- ◉ sair um número menor do que 20 é _____.

- ◉ sair um número natural de 2 algarismos é _____.

- ◉ sair um número com 2 algarismos distintos é _____.

- ◉ sair um número natural de 3 algarismos é _____.

- ◉ sair um número que fica entre 40 e 50 é _____.

- ◉ sair um número maior do que 37 é _____.

▶ LOCALIZAÇÃO DE FIGURAS

No quadro abaixo, há o desenho de 3 sólidos geométricos, 3 regiões planas e 3 contornos, todos coloridos.

Observe-os com atenção e depois complete o quadro.

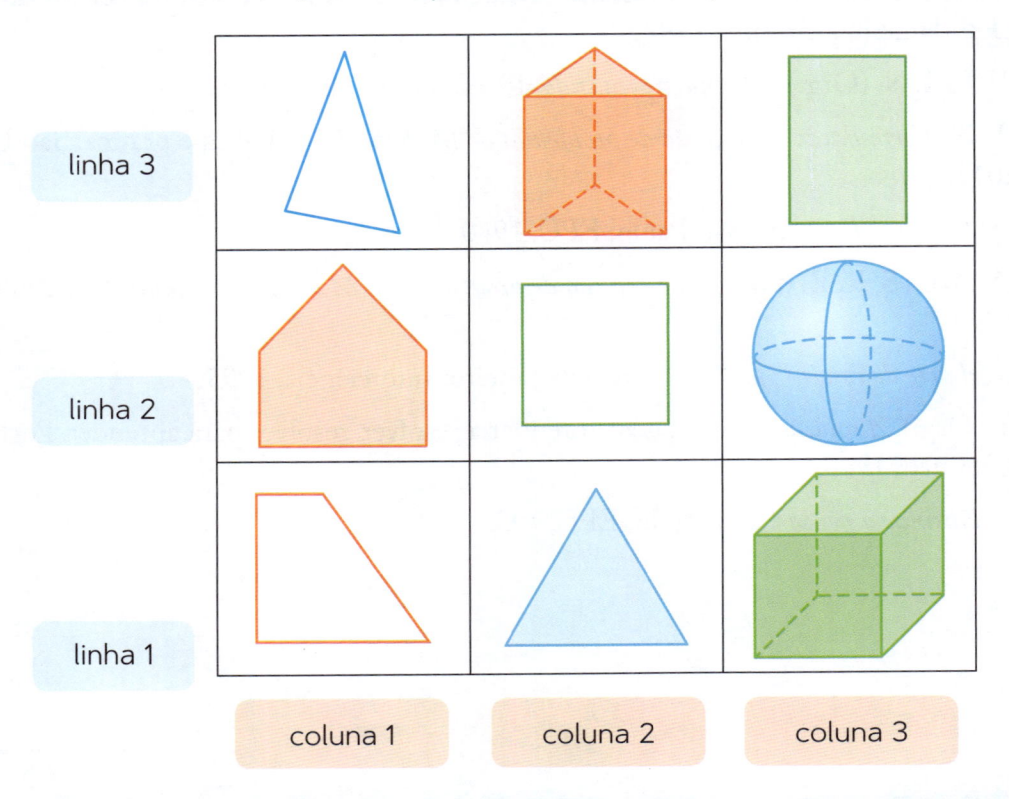

Figura	Localização
sólido geométrico verde	coluna _____ e linha _____
região plana laranja	coluna _____ e linha _____
contorno azul	coluna _____ e linha _____
	coluna 3 e linha 3
	coluna 2 e linha 3
	coluna 1 e linha 1
	coluna 3 e linha 2
	coluna 2 e linha 1

O que sobrou

REFERÊNCIAS

BRASIL. Ministério da Educação (MEC). Secretaria de Educação Fundamental (SEF). *Base Nacional Comum Curricular* – Matemática. Brasília, 2017.

BRASIL. Parâmetros Curriculares *Nacionais* – Matemática: primeiro e segundo ciclos do Ensino Fundamental. Brasília, 1997.

CARRAHER, T. N. (Org.). *Aprender pensando*. 19. ed. Petrópolis: Vozes, 2008.

DANTE, L. R. *Formulação e resolução de problemas de Matemática* – Teoria e prática. São Paulo: Ática, 2015.

KOTHE, S. *Pensar é divertido*. São Paulo: EPU, 1970.

KRULIK, S.; REYS, R. E. (Org.). *A resolução de problemas na Matemática escolar.* São Paulo: Atual, 1998.

POLYA, G. *A arte de resolver problemas*. Rio de Janeiro: Interciência, 1995.

POZO, J. I. (Org.). *A solução de problemas*: aprender a resolver, resolver para aprender. Porto Alegre: Artmed, 1998.

RATHS, L. *Ensinar a pensar*. São Paulo: EPU, 1977.